JN418569

처음 만나는 문해력 수업

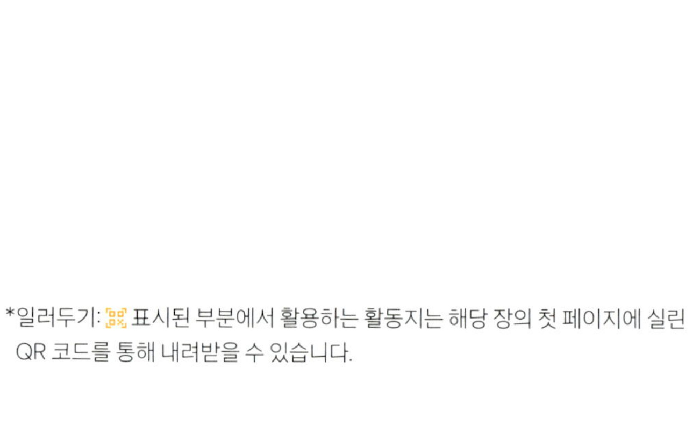

*일러두기: 표시된 부분에서 활용하는 활동지는 해당 장의 첫 페이지에 실린 QR 코드를 통해 내려받을 수 있습니다.

처음 만나는

문해력 수업

전보라 지음

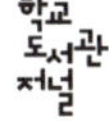

알쏭달쏭 문해력 수업 상담소에 오신 것을 환영합니다

2023년 『수업에 바로 써먹는 문해력 도구』라는 책을 쓰고, 교사, 사서, 학생들을 만나러 전국 방방곡곡을 다녔습니다. 강원도 화천에서 제주까지, 도시의 대규모 학교부터 시골의 학교까지, 국립중앙도서관부터 학교의 작은 연구회까지요. 알고 있는 것을 나눈다는 생각으로 여러 사람을 만났지만 제가 더 배우는 시간이었습니다. 학생, 교사, 사서 각각의 주체가 문해력에 어떤 노력을 기울이는지 어떤 화두로 고민하는지 알 수 있었거든요.

강의와 북토크에서는 늘 물음표가 쏟아졌습니다. 사전 질문이 70개씩 나오는 강의도 있었고, 강의가 끝난 후 한 시간을 질문에 답한 적도 있었습니다. 문해력 강의에서 나온 질문에 대해 전문적인 이론과 실제 현장의 경험을 바탕으로 답하려고 했습니다. 그러나 강의 시간은 제한되어 있기에 자세히 설명할 수 없어 늘 아쉬웠습니다. 아! 물론 질문을 받은 후 바로 답하려니 밑천이 부족하여 답하지 못할 때도 있었습니다. 시원하지 못한 답변과 친절하지 못했던 설명으로 괴로울 때면 책상 앞에 앉아 질문에 대한 답을 찾아 정리했습니다. 어렵게 꺼낸 질문들이 사라질까 봐 기록광인처럼 메모해 놓은 현장의 질문이 저를 움직이게 해 이 책을 쓰게 되었습니다. 수백 개의 질문 중 신기할 정도로 자주 만나는 질문을 뽑아 이론과 실천 기록을 담아냈습니다.

이 책에는 '읽고 쓰는 공부의 속성은 무엇인가?', '문해력 수업에서 반드시 챙겨야 할 것은 무엇인가?', '교과의 맥락 안에서 무엇을 읽혀야 할까?', '읽고, 쓰기를 어떻게 가르쳐야 할까?' 이런 물음에 대한 답이 담겨 있습니다. '문해력'을 글과 말을 다루어 원하는 것을 얻는 '문제해결능력'으로 정의하고, 문해력을 키우는 수업의 해법을 제시합니다.

1장에서는 문해력 수업의 첫발을 떼기 위한 여러 방법을 소개합니다. 잘 읽는다는 것이 도대체 무엇인지, 문해력 수업을 시작할 때 어떤 부분을 신경 쓰고 준비해야 하는지를 4가지로 나눠 정리했습니다.

2장에서는 지혜롭게 책을 고르는 방법을 다룹니다. 읽기의 시작은 책장을 넘기는 것이 아니라 자료를 선택하는 것부터입니다. 학생들이 의미 있는 선택을 할 수 있도록 도와주고 싶은데 어떤 자료를 읽혀야 할지 고민스러웠다면 도움을 얻을 수 있습니다.

3장에서는 문해력의 바탕인 어휘력을 높일 수 있는 방법을 소개합니다. 교과 기초 어휘, 학습도구어를 재미있게 가르칠 수 있는 방법에 대한 아이디어와 사례를 구체적으로 제시합니다.

4장에서는 읽기의 기본을 다지는 다섯 가지 방법을 소개합니다. 책과 친해지는 기술, 배경지식을 확장하고 질문하기, 요약하기, 상보적 읽기 등 능동적으로 읽는 방법을 설명합니다. 문해력 격차를 극복하는 읽기 방법을 고민했다면 그 해답을 찾을 수 있습니다.

5장에서는 문해력 수직 상승의 비결인 쓰기 방법에 대해 다룹니다. 글쓰기를 싫어하는 학생들이 글쓰기와 친해지는 방법, 기존 개념을 심화하는 인지적 활동, 공식적이고 완성된 형태의 쓰기 방법, 꼭 짚고 넘어가야 할 윤리적 글쓰기 활동에 대한 아이디어를 얻을 수 있습니다.

6장에서는 AI로 확장하는 디지털 문해력 수업 방법을 제시합니다. 디지털 세계에서 길을 잃지 않고 디지털 정보를 제대로 활용하는 방법, 디지털 정보를 평가하며 정교하게 읽는 법, AI와 함께 읽고 쓰는 방법을 설명합니다.

영유아기와 학령기를 지나서 청소년이 된 학생들의 문해력 전부를 교사가 한번에 바꿀 순 없습니다. 하지만 현재 만나는 학생들의 문해력 격차를 진단하고, 그 간격을 좁힐 수 있는 존재는 교사가 유일합니다. 학생들이 적절한 문해력을 갖춰 삶을 살아갈 수 있도록 이 책에 실린 다양한 방법을 적용해 보길 바랍니다. 난관에 부딪힐 때 이리저리 활용하다 보면 학생에게 맞는 방법을 찾을 수 있을 겁니다. 학생이 거부하거나 교육적 효과가 없다고 판단이 되면, 다른 방법으로 바꾸면 됩니다. 선생님의 이러한 시도가 모이고 모일 때 학생들의 문해력도 쑥쑥 자랄 것입니다. 큰맘 먹고 학생들과 책을 읽어 보려고 해도 무엇을 어떻게 해야 할지 막연한 분들에게 이 책이 길잡이가 되었으면 합니다.

마지막으로 책을 쓸 수 있도록 따뜻한 지지와 응원을 보내 주신 서정원 편집자님께 깊이 감사드립니다. 원고를 쓸 때 곁에서 책을 읽고, 그림을 그리며 응원해 준 딸 허동희에게도 사랑의 마음을 전합니다. 강연에서 마음을 열고 만나 주신 분들에게도 감사드립니다. 털어놓으셨던 걱정과 의문들에 이 책이 하나의 답이 되었으면 좋겠습니다.

차례

머리말 4

1장 문해력 수업의 첫걸음

❶ **잘 읽는다는 것은 무엇인가요** -문해력 수업의 길 찾기 12
❷ **문해력 수업의 장벽을 넘고 싶어요** -완벽한 준비 < 실천의 용기 17
❸ **자기주도적 문해력을 키워 주고 싶어요** -자기 성찰부터 시작하기 24
❹ **문해력을 측정하고 싶어요** -문해력 진단 도구를 활용하기 30

2장 읽기의 시작, 책 고르기 수업

❶ **책 한 권을 읽지 못해요** -자료의 쓰임 알아보기 38
❷ **책을 구해 오지 않아요** -자만추의 공간, 도서관 활용하기 45
❸ **책을 고르는 안목이 없어요** -책 선택을 돕는 기준 알아보기 50
❹ **무엇을 읽을지 몰라요** -책을 찍지 않고 고르기 55

3장 문해력의 바탕, 어휘력 수업

❶ **교과서를 읽을 때 좌절해요** -교과 어휘 익히기 62
❷ **문제를 읽고도 이해하지 못해요** -학습도구어 챙기기 68
❸ **어휘 공부를 지겨워해요** -교과 어휘 게임하기 73
❹ **교과 핵심어를 기억하지 못해요** -나만의 정의 내리기 79

4장 읽기의 기본을 다지는 문해력 수업

❶ 읽기도 전에 한숨을 쉬며 거부해요 -미리 보고 예측하기 84
❷ 낯선 주제의 글 읽기를 힘들어해요 -배경지식 확장하기 90
❸ 읽고도 무슨 내용인지 몰라요 -질문하며 읽기 95
❹ 중요한 내용을 가려내지 못해요 -요약하기 100
❺ 문해력 편차를 극복할 수 있는 읽기 방법은 없나요 -상보적 읽기 108

5장 문해력 수직 상승의 비결, 쓰기 수업

❶ 한 줄 이상 쓰지 못해요 -비형식적 쓰기 114
❷ 교과 개념을 깊이 공부할 수 있는 글쓰기 방법이 궁금해요 -개념적 쓰기 119
❸ 공식적이고 완성된 형태의 쓰기 방법을 알고 싶어요 -종합적 쓰기 125
❹ 쓰기 활동에서 반드시 챙겨야 할 것은 무엇인가요 -윤리적 글쓰기 131

6장 어떤 매체든 깊이 읽어 내는 디지털 문해력 수업

❶ 디지털 세계에서 자꾸 길을 잃어요 -디지털 정보 찾기 138
❷ 스크린을 읽지 않아요 -디지털 읽기 방식 익히기 144
❸ 구글과 챗GPT를 맹신해요 -디지털 정보를 평가하기 147
❹ AI에 과의존해요 -주도권을 쥐고 AI와 함께 읽고 쓰기 152

참고문헌 158

1

문해력 수업의 첫걸음

1장 활동지 모음

교과의 맥락 안에서 읽고, 쓰기 수업을 할 때 온몸으로 어려움을 드러내는 학생들이 있습니다. 어려워서 읽기를 포기하는 학생, 읽어도 무슨 소리인지 모르는 학생, 읽고 싶은 마음이 없는 학생 등 다양합니다. 주어진 시간에 비해 가르칠 내용이 늘 많은 교사 또한 마찬가지입니다. "문해력 수업을 시작할 때 어떤 부분을 신경 쓰며 준비해야 할까요?" "책을 활용한 수업이 처음이라 막막합니다." 교사들은 글에 집중하지 못하고 졸거나 딴생각 중인 학생들을 위해 문해력 수업을 실천하고 싶지만, 시작이 두렵기도 합니다. 학생과 교사가 막연한 두려움을 이겨 내고, 첫걸음을 내딛기 위해서는 문해력 수업을 시작할 때 부딪히는 어려움이 무엇인지 알아야 합니다. 그리고 그 어려움을 극복하는 방법을 지혜롭게 찾아야 합니다.

❶ 잘 읽는다는 것은 무엇인가요

– 문해력 수업의 길 찾기

글을 잘 읽는다는 건 어떤 모습을 말하는 것일까요? 제대로 읽었다는 것은 어떤 의미인가요? 잘 읽는다는 것은 읽는 속도가 빠르다는 것이 아닙니다. 생각한다는 것이고, 의미를 구축한다는 것입니다. 메타 인지를 발휘해서 자신의 읽기 목적이나 내용, 맥락을 잘 파악하고 있어야 잘 읽는다고 할 수 있습니다. 학생들을 스스로 읽고 문제를 해결하며 다양한 독해 방법을 적용하는 전략적 독자로 만들기 위해서는, 수업 현장에서 좋은 독자상을 구체적으로 제시해야 하고 읽고 싶은 마음을 만들어 줘야 합니다.

도움이 되는 읽기 전략 가르치기

능동적 독자, 문해력이 탄탄한 사람은 어떻게 읽을까요? 글 읽기에 빠진 사람들은 여러 가지 읽기 전략을 때와 장소에 맞게 잘 사용합니다. 흥미를 높일 수 있는 읽기 전 전략부터 하나씩 살펴볼까요?

글을 잘 읽는 사람은 글을 본격적으로 읽기 전에 미리 훑어 점검하면서 예측합니다. 책장을 바로 펼쳐 본문부터 읽는 것이 아니라 책의 겉표지, 목차, 서문, 책날개, 삽화, 참고문헌 등을 살펴봅니다. 최소한의 정보를 가지고, 어떤 내용이 펼쳐질지 짐작합니다. '내가 알고 있는 것은 무엇이지?', '어디서부터 글을 읽어야 하지?', '무엇을 찾아야 하지?'라고 스스로 질문합니다.

읽기 중 단계에서는 중요한 정보와 내용을 중심으로 주의를 집중하며 읽습니다. 새로운 정보를 이해하기 위해 배경지식을 적극적으로 활용합니다. 텍스트의 내용과 자신의 배경지식을 연결하고 비교·대조·분석하면서 텍스트에 관한 나의 해석 또는 기존 지식 자체를 수정합니다. 텍스트에 모르는 단어가 나오거나 단어의 의미가 분명하지 않을 때 글의 문맥을 활용하여 그 뜻을 파악하려고 노력합니다. 문맥을 활용하여 뜻을 파악하기 어려울 때는 단어를 표시하고, 사전을 찾아보기도 합니다. 능숙한 독자는 텍스트의 정보를 효과적으로 기억하기 위해 밑줄 긋기, 메모하기, 반복 읽기, 자기 언어로 다시 적기, 요약하기, 시각화하기, 질문하기 등 다양한 방법을 사용합니다.

이러한 읽기 전략은 교사가 좋은 독자로서 시연하며 보여 줘야 학생들이 감을 잡고 따라 할 수 있습니다. 학생들의 몸과 머리에 여러 전략이 스며들게 하려면 교사의 인내심이 필요합니다. 시간과 반복이 핵심입니다. 한 번 가르치고 연습한다고 자동화되면 학생이 아니기 때문입니다. 돌아서면 잊어버리고, 배운 적이 없다고 말하는 학생들에게 읽기 전략을 하나씩 가르쳐야 합니다.

문해력은 마음의 문제, 읽고 싶은 마음 만들기

아무리 좋은 읽을거리도 읽고 싶은 마음이 생기지 않으면 읽지 않게 됩니다. 책을 읽게 만드는 에너지는 어디서, 어떻게 끌어올려야 할까요? 문해력의 핵심인 마음과 정서, 즉 읽기 동기를 높이기 위해 교실에서 교사가 할 수 있는 여러 일이 있습니다.

첫째, 읽고 싶은 마음이 드는 환경을 만들어야 합니다. 우선 교과의 맥락 안에서 좋은 읽을거리가 많은지 확인합니다. 그리고 학생들이 읽을거리에 쉽게 접근하도록 도와야 합니다. 처음에는 어려운 텍스트보다는 학생들이 읽고 소화할 수 있는 글을 제시해야 합니다. 자신감이 떨어지면 실패가 쌓이고 결국 포기하기 때문입니다.

둘째, 학생들이 어려워서 읽기를 포기하지 않도록 예방해야 합니다. 교과 어휘를 미리 짚어 주거나 교과의 맥락 안에서 텍스트를 읽어 내는 전략을 알려 주어야 합니다. 책을 읽으며 성공 경험을 맛봐야 글 읽는 자신에 대한 믿음이 형성됩니다.

셋째, 문해력이 움트는 과제를 주어야 합니다. 책은 싫어

해도 활동은 좋아하도록 설계하면 됩니다. 체험과 독서를 연결하면 마음을 자극할 수 있습니다. 책 속 배경지를 답사하거나 텍스트에서 언급된 장소를 방문하면 독서의 깊이가 달라집니다. 학교 외부로 나가는 것이 부담스러울 때는 저자 또는 주제 전문가 초청 강연의 자리를 마련합니다. 책 속 저자, 책 속 실제 인물과의 만남은 학생이 새로운 관심사를 찾게 만듭니다. 또 자기의 이야기를 쓰고 싶게 만드는 꿈을 줄 수 있습니다. 한 권의 책이 씨앗이 되어 새로운 길을 열어 주듯 작가와의 만남은 독서의 경계를 넓히고 세상을 보는 시선을 깊게 만들어 줍니다.

넷째, 읽고 쓰는 과정 중에 교사가 구체적이고 정확한 칭찬을 하면 학생의 내적 동기가 높아집니다. 특히 읽고 쓰기를 괴롭고 귀찮은 일이라고 여기는 학생들에게 칭찬은 큰 힘이 됩니다. '칭찬이 반이다'를 신조로 품고, 독서와 과제에 대한 학생의 노력을 구체적으로 짚어 줍니다. 고심하여 책을 고르고 읽어 보려고 노력하지만, 뜻대로 되지 않아 속상해하는 학생에게는 "어려운 과제였는데, 노력을 많이 했구나."라고 말하며 과제 수행에 대한 노력을 존중하는 말을 해 줍니다. 잘한 점에 대해서는 "넌 단어와 단어의 의미를 이해하며 내용을 구조화하며 읽었구나."라고 구체적으로 알려 줍니다. 학생의 수행 내용을 포함하여 피드백을 줄 때는 "디도스(DDoS) 예방을 위해 어떠한 소프트웨어를 설치해야 하는지 3가지로 잘 정리했어."처럼 명확한 피드백을 줍니다.

교과 내용 지도에 초점을 맞추던 교사들이 문해력까지 고려하며 수업을 설계하고 진행하는 것은 교사들에게 새로운 도전입니다. 새로운 수업은 본래 한 번에 잘 되지 않습니다. 학생들이 처음 배우고 익히는 것을 힘들어한다는 것을 인정하고 시간을 들여 반복해야 합니다. 어려운 책도 집어던지지 않는 의지, 복잡한 내용도 끈질기게 질문하고 숙고해 보려는 마음은 저절로 생기지 않습니다. '가르쳐 줬는데 그것도 소화를 못하냐'의 시선보다 '그럴 수 있지'의 태도가 필요합니다.

❷ 문해력 수업의 장벽을 넘고 싶어요

– 완벽한 준비 < 실천의 용기

교과 자료를 활용한 읽고 쓰기 수업은 여전히 심리적 허들이 높습니다. 독서가 좋다고 해서 수업에 도입하기에는 실제 적용 과정에서 고민되는 지점이 많습니다. '국어 시간에 분명 읽고 쓰는 법을 배울 텐데 과학, 수학, 사회 시간까지 문해력을 신경 쓰며 수업해야 할까?'라는 질문이 따라붙기도 합니다. 대부분의 교사는 주어진 시간에 비해 가르칠 내용이 늘 많습니다. 매시간 다른 내용을 가르치며 수업을 준비한다는 어려움도 있습니다. 하지만 모든 교사들은 자신이 가르치는 과목의 텍스트와 수업 자료를 학생이 잘 읽도록 가르칠 수 있고 또 가르쳐야만 합니다. 초등학교를 졸업한다고 해서 어려운 텍스트를 척척 읽어 내는 능력이 완성되는 것은 아니기 때문입니다. 중고등학교 학생들도 텍스트를 읽고 이해하는 방법을 배워 스스로 의미를 구축할 수 있는 힘을 키워야 합니다. 그러기 위해서는 교사들이 교과의 맥락 안에서 읽고, 쓰기 수업을 할 때 부딪히는 장벽이 무엇인지 파악해야 합니다. 그리고 장벽을 어떻게 넘어서야 할지 방법을 찾아야 합니다.

진도의 산 넘기

"도서를 활용하면 시간을 많이 할애해야 해서 진도 나가기 부담이 되는데, 학생들이 텍스트를 다 읽었으면 하는 욕심도 생깁니다.", "도서관과 연계하면 호흡이 길어져서 늘 걱정입니다." 이와 같은 '시간 부족'이라는 장벽은 '처음부터 끝까지 이 책 한 권을 다 읽어야 해'라는 생각을 버려야 넘어설 수 있습니다. 사실 책 한 권을 다 읽는 것은 학생들에게 정말 힘든 일입니다. 오죽하면 국어과에 '한 학기 한 권 읽기'가 있겠습니까. 수업 시간에 책만 읽게 할 수도 없는 노릇이고 각자 시간을 내어 읽어 오게 하는 것도 불가능에 가깝습니다. 책 한 권을 다 읽어야 하는 활동을 강요하면 학생들은 요약본을 찾아 읽거나 책 읽기에 거부감을 키우게 됩니다.

가장 효과적인 방법은 한 학기 동안 진도를 조정하여 1~2차시의 교과 독서 시간을 마련하는 것입니다. 1~2차시 동안 한 권의 책을 완독하는 것은 불가능하기 때문에, 발췌독을 합니다. 발췌독은 책의 일부분만 읽는 연습입니다. 세상에는 처음부터 끝까지 다 읽어야 하는 때가 있고, 자기에게 필요한 부분만 찾아 골라서 읽으면 되는 때가 있습니다. 체육 교과는 한 학기 동안 배웠던 스포츠 종목에 대한 책을 읽으며, 스포츠 용어와 규칙에 대해 정리할 수 있습니다.

수학 교과는 수학에 대한 흥미를 가질 수 있도록 수학자나 수학사, 수학의 쓰임과 관련한 책을 발췌해서 읽습니다. 과학 교과는 SF 단편을 읽고 과학적 사실과 의견을 구분한 후 과학 쟁점에 대해 토론합니다. 완독을 바라지 않으면 교사도 학생도 마음이 편해집니다. 적절한 분량의 읽기 과제로 완독에 대한 스트레스를 줄여 준다면 학생들이 포기하지 않고 읽고 쓰기 과제를 수행할 것입니다.

읽지 않는 교사의 부담감 벗어나기

"책을 읽지 않는 교사가 문해력 수업을 할 수 있을까요?" 현장 강의를 할 때마다 자주 접하는 질문입니다. 문해력 수업에서 제시하는 다양한 자료(비문학, 문학, 잡지, 동화)를 교사가 모두 숙지해야 한다는 부담감에 문제풀이식 수업만 하고 있다고 고백하는 선생님들이 있습니다. 당장 필독서라는 이름이 붙은 책 중 단 한 권도 여유 있게 읽기 어려운 현실에서 이런 질문이 나올 수밖에 없습니다. 물론 긴 호흡으로 읽고, 쓰기 수업을 할 때 교사가 참고하면 좋을 자료를 숙지하고 학생들에게 안내하는 것이 좋습니다. 교사가 다양한 읽기 자료를 파악하고 있다면 학생들에게 자료를 조금 더 자세하게 소개하고, 자신 있게 추천할 수 있으니까요.

책을 활용한 수업을 하고 싶은데, 어떤 자료를 권해야 할지 모른다면 교과별 추천 도서 목록을 활용합니다. 점차 지식 생산 속도가 빨라지고 있기 때문에 교사가 읽은 책만 추천하면 뒤처지게 됩니다. 따라서 교사가 읽지 않은 책을 권하고 평가하는 걸 기본으로 삼아도 됩니다. 동료 교사와 책 선정에 대해 논의하는 것도 서로에게 유익할 수 있습니다. 특히 사서교사의 경우 동료 교사에게 새 책을 소개해 줄 수 있고 교과교사는 책의 내용에 대한 전공자의 평가를 제시할 수 있습니다.

책을 읽히는 게 너무 부담스럽다면 뉴스레터, 신문기사, 잡지 등 다른 방식의 글 읽기 연습을 해도 됩니다. 어떤 글이든 계속 읽으려는 노력이 중요하며 텍스트를 읽을수록 문해력은 향상되기 때문입니다. 교과별로 활용하기 좋은 잡지가 다양하게 출간되고 있습니다. 만약 학교도서관에서 교과 관련 잡지를 구독하고 있지 않다면 3월에 부지런히 신청해 둡니다. 지리 시간에는 〈내셔널지오그래픽〉, 과학 시간에는 〈과학동아〉, 수학 시간에는 〈뉴턴〉과 〈수학동아〉, 일본어 시간에는 〈일본어저널〉 잡지를 활용할 수 있습니다. 잡지를 학생 수만큼 확보하면 책상이나 칠판에 전시하고, 쇼핑하듯이 고르게 합니다. 그 다음 교과 관련 주제 기사를 찾아 읽고 쓸 수 있도록 지도합니다.

읽을거리 확보하기

마음을 먹고 학생들과 책을 읽으려 했으나 수업에 활용할 도서를 확보할 수 없어 포기했다는 선생님을 강연장에서 만났습니다. 학교에 사서교사가 없고, 도서관이 닫혀 있다면 책 읽기 수업은 '먼나라 이웃나라'의 이야기가 됩니다. 도서관의 장서가 충분하더라도 수업에 활용할 도서를 모든 학생이 동시에 대여해 올 수도 없습니다. 학교도서관, 공공도서관은 종별로 한 권의 도서를 소장하고 있기 때문입니다. 교과 예산이 편성되어 있지만, 도서 구입비 항목으로 책정되어 있지 않습니다. 책을 모두 구입하여 주기에는 예산이 턱없이 부족합니다. 설령 예산이 있다고 해도 한 번 수업하고 나면 도서관에 전시될 책을 다 구입하는 것도 비효율적으로 느껴집니다. 그럼에도 방법은 찾으면 있습니다.

학급 전원이 '똑같은 책을 읽어야 한다'는 생각을 버리면 이러한 어려움들을 해결할 수 있습니다. 동일한 책을 읽고 생각을 나누게 하고 싶다면 모둠별로 같은 책을 읽게 합니다. 그러면 복본을 종별로 5~6권만 사면 되기 때문에 복본 구입에 대한 부담이 줄어듭니다. 교육청 도서관의 단체 대출 제도를 이용하면 장기간 한 학급 분량의 책을 대여해서 볼 수 있습니다. 교육청에서 지원하는 프로그램을 활용하여 예산을 확보하고 책을 구입하여 제공하는 방법도 있습니다. 빌려서 보는 책보다 자기 책이라는 생각이 들 때 학생들은 조금 더 깊이 읽게 됩니다.

결과물에 대한 압박감 줄이기

문해력 연수를 듣다 보면 긴 호흡의 프로젝트 사례들을 접하게 됩니다. 교과 자료를 읽고 만든 인포그래픽, 소셜벤처 창업을 위한 창업계획서, SF 소설을 읽고 작성한 영화 시나리오, 고전 작품을 읽고 고전 여행을 떠나기 위해 제작한 리플릿 등을 실제로 보면 도전하고 싶은 마음이 솟아납니다. 하지만 그 마음 뒤로 두려움이 밀려옵니다. 흥미로운 읽을거리 선정, 자료 조사를 위한 참고 사이트 안내, 표현물 제작을 위한 아웃라인 설정 등 챙겨야 할 것들이 줄줄이 떠오릅니다. '입시를 앞둔 학생들에게 부담스럽지 않을까?', '수행평가 시즌에는 여러 과목의 과제들이 쏟아질 텐데, 학생들이 포기하면 어쩌지?' 같은 질문들이 주렁주렁 열리면서 결국 선을 긋게 됩니다. 발목을 붙잡는 물음표들이 떠오를 때는 마음을 달리 먹으면 됩니다. 멋진 글이나 그럴듯한 결과물을 기대하지 말고, 학생들에게 궁리하는 과정 혹은 머리를 싸매고 끙끙거리는 시간을 선물한다고 생각하는 겁니다.

긴 호흡의 읽기가 부담되고 거창한 결과물을 내야 한다는 두려움에 수업이 망설여진다면, 1~2차시로 짧은 호흡의 읽기 수업부터 도전합니다. 한 주제에 대해 한 권의 책을 읽고, 한 가지 읽기 기술을 적용하는 활동(one topic, one book, one skill)입니다. 예를 들어 '생물다양성' 관련 독서를 한다면, 학생 수만큼 관련 도서를 주고 발췌독을 하도록 합니다. 발췌독 후 KWL차트를 제공하여 읽기 전, 중, 후로 나눠 '알고 있는 것', '알고 싶은 것', '새로 알게 된 것'을 작성하게 합니다. 한 문장 쓰기도 힘들어하는 학생들이 많은 반은 발췌독 후 열 개의 핵심어를 씁니다. 핵심어를 쓰고 이 단어를 활용해 한두 문장으로 요약하고 느낀 점을 적습니다. 이러한 활동은 준비 과정이 복잡하지 않고, 호흡이 짧기 때문에 교사와 학생의 부담감을 낮출 수 있습니다.

❸ 자기주도적 문해력을 키워 주고 싶어요

– 자기 성찰부터 시작하기

“읽으려는 생각 자체가 없고, 전혀 알고 싶은 것도 없고, 글을 잘 읽고 싶어 하는 모습도 보이지 않는데, 도대체 왜 이럴까요?” 동료 선생님들의 걱정과 어려움이 섞인 말을 들으면 마음이 무거워집니다. 학생들에게 책을 읽지 않았을 때 맞이하게 될 어두운 미래에 대해 약장수처럼 이야기하면 책을 읽을까요? 소설가 다니엘 페나크는 ‘읽다’라는 동사에는 명령법이 먹혀들지 않는다고 말했는데[1], 어떻게 해야 아이들이 즐거움을 느끼고 꾸준히 읽도록 도움을 줄 수 있을까요? ‘누구를 위한’ 활동을 위해서는 그 ‘누구’에게 묻는 것을 우선으로 해야 합니다. 특히 무언가를 좋아하게 만들려면, 대상에게 먼저 물어야 합니다. 읽기의 가치를 알려 주기 전에 자신의 독서 생활을 이해하고, 성찰하는 기회를 주어야 합니다. 학생 스스로 자신의 독서 생활과 문해력을 점검하며 나아갈 수 있는 세 가지 방법을 소개합니다.

독자 자기 점검표

독자 스스로 자신을 점검하도록 구성한 독자 자기 점검표[2]를 활용할 수 있습니다. 독자 자기 점검표는 건강검진에서 과거에 앓았던 질환이나 수술 경험, 음주나 흡연 여부 등을 묻는 것처럼 책과 관련된 다양한 질문을 던져 학생들 스스로 독서 취향과 습관을 파악하도록 도와줍니다.

◇ 자주 읽는 분야와 기피하는 분야는 무엇인가?

☞ **독자 자신의 관심을 점검**

◇ 나는 책을 잘 읽는다. | 1 | 2 | 3 | 4 | 5 |

☞ **독서에 대한 자기 효능감 부분을 점검**

◇ 나는 한 종류만 읽지 않고, 골고루 읽는다. | 1 | 2 | 3 | 4 | 5 |

☞ **편독 경향성을 점검**

◇ 최근에 재미있게 읽은 책은 (   )이다.

그 책은 나에게 ____________ 느낌을 주었다.

☞ **읽은 책에 대한 배경지식을 활성화**

독자 자기 점검표를 통해 짧은 시간 동안 자신의 관심과 흥미를 점검하고, 개인적 독서 성향을 파악할 수 있습니다. 진입 장벽을 더 낮추고 싶다면, 책을 읽는 이유, 최근 읽은 책과 그 이유 2가지를 물을 수 있습니다. 이처럼 가볍게 질문을 꺼내면 학생의 참여도가 높아집니다. 교사 또한 학생 개인의 독서 성향 및 독자로서 갖고 있는 자아 효능감을 파악하여 문해력 수업을 준비할 수 있습니다.

독서 습관 체크리스트

독서 습관 체크리스트를 활용하여 독서 습관을 점검하며

독서 생활을 성찰하도록 도울 수 있습니다. "평소 자신의 독서 습관을 떠올리면서 해당하는 것을 체크하고, 효과적 독서를 위해 어떻게 행동할지 고민하는 시간을 가져 봅시다."라고 말하며, 학생들에게 독서 습관 체크리스트[3)]를 나눠 줍니다.

✓ **독서 전에 계획을 세우지만, 계획뿐이고 독서를 시작하기가 어렵다.**
☞ 언제 어느 때에 독서를 할지 구체적인 계획을 세운다.

✓ **책만 펴면 졸립다.**
☞ 고른 책이 문제다. 책을 고르는 방법에 대해서 고민해 봐야 한다.

✓ **글이 길면 어려워서 책을 읽을 엄두가 나지 않는다.**
☞ 단편 위주로 책을 읽으며 완독하는 성공 경험을 쌓는다.

✓ **독서를 하는 시간이 아깝게 느껴진다.**
☞ 독서가 왜 필요한지 진단이 필요하다.

✓ **어떤 책을 읽어야 할지 잘 모르겠다.**
☞ 도서관에 있는 사서선생님을 찾아가 추천을 받는다.

✓ **한 권을 읽는 데 너무 오랜 시간이 걸린다.**
☞ 오래 걸려도 괜찮다. 중요한 건 많이 읽는 것이 아니라 제대로 읽는 것이다.

✓ **읽는 속도는 빠르지만 다 읽고 난 후에 내용이 기억나지 않는다.**
☞ 독서 노트를 작성한다.(날짜, 도서·저자명, 필사 내용, 필사한 이유)

✓ **책을 꾸준히 읽는 습관이 없다.**
☞ 쉬운 책을 매일 20분 정도 읽을 수 있도록 강제적으로 계획한다.

✓ **책에서 읽었던 내용이 기억나지 않는다.**
☞ 적자생존! 독서 노트를 적는 자만이 살아남는다.

✓ **왜 책을 읽어야 하는지 모르겠다.**
☞ 독서 동기가 부족하다. 동기를 불어넣을 수 있는 책을 읽어 본다.

독서 습관 체크리스트를 활용하면 학생들은 꽤 솔직하게 자신의 이야기를 꺼냅니다. 그 내용을 교사가 알아야 근원적인 해결책을 찾을 수 있습니다. 독서할 때 겪는 어려움과 독서 습관을 체크한 후 이에 기초하여 읽기에 주력하다 보면 독서 수준이 올라가고 결국 읽기를 어려워하지 않게 됩니다. 문해력 역시 자신도 모르는 사이에 좋아지면서 선순환이 이루어집니다.

훌륭한 독자상 그리기

훌륭한 독자상을 그리도록 하면, 학생들이 읽기를 어떻게 인식하는지를 분석할 수 있고 그 특징과 양상을 파악하기 쉽습니다.[4] 이미지를 그릴 때는 "어떤 독자가 되고 싶나요?", "독서할 때 어떤 태도와 마음가짐을 갖고 있나요?", "독서할 때 가장 중요하게 생각하는 것은 무엇인가요?" 등을 물으며 생각할 시간과 기회를 충분히 줍니다. 학생들에게 질문에 답하며 떠올린 모습을 자유롭게 그림으로 그려 보게 합니다. 그리고 이미지를 완성하면 이미지를 보여 주면서 그렇게 그린 이유를 발표하도록 합니다. 발표 전 교사가 샘플과 함께 발표 예시 프롬프트를 제시하면 학생들이 갈피를 잡고 발표를 더 잘할 수 있습니다. "제가 생각하는 훌륭한 독자상은 ~입니다. 왜냐하면 ~이기 때문입니다. 앞으로는 이 그림처럼~" 이렇게 예시 프롬프트를 제시하면 발표 내용이 풍성해집니다. 학생들이 그린 훌륭한 독자상은 교실에 게시합니다.

학생들은 훌륭한 독자상을 그리며 읽기 자체에 가치를 부여하고, 그 안에서 의미를 찾게 됩니다. 교사는 학생들이 그린 이미지를 보면서 읽기를 지적 활동으로 인식하고 있는지, 즐겁고 행복한 읽기를 기대하는지를 알 수 있습니다. 만약, 독서에 대해서 '텍스트를 꼼꼼히 읽어 자신의 머릿속에 지식을 쌓는 것'이라고 인식하는 학생이 있다면 창의적 읽기, 자기주도적 읽기의 가능성이 낮아지기 때문에 교육적으로 개입할 필요가 있습니다. 읽기 자체를 즐겁고 의미 있는 것으로 인식하는 게 우선이기 때문입니다.

왜 글 읽기가 싫은지 학생들의 생각을 들어보고 싶은데 한 명씩 따로 면담해서 생각을 묻기에는 시간이 늘 부족합니다. 시간이 없을 때 독자 자기 점검표, 독서 습관 체크리스트, 훌륭한 독자상 그리기는 탁월한 선택지가 됩니다. 글을 읽기 어려워하는 학생들의 고민을 펼쳐 놓고 무엇부터 해야 할지 고민이 될 때 도움이 됩니다.

❹ 문해력을 측정하고 싶어요

- 문해력 진단 도구를 활용하기

"학습자의 문해력을 객관적으로 판단하고 싶어요.", "문해력을 측정할 수 있는 검증된 사이트가 궁금합니다.", "교육청이나 정부 기관과 연계된 공신력 있는 문해력 관련 검사에는 어떤 것이 있을까요?" 이처럼 문해력 측정 및 진단 방법에 대한 질문을 자주 만납니다. 이러한 질문을 받을 때마다 선생님에게 다시 묻습니다. "문해력 수준을 객관적으로 파악하시려는 이유는 무엇인가요?", "부진 가능성이 있는 학습자를 선별하는 게 목적인가요?" 현장의 선생님들 대부분은 학생 문해력의 현재 위치를 판단하는 것보다 학생이 향후 학습할 준비가 되어 있는지, 읽고 쓸 때 어떤 어려움을 겪고 있는지 알고 싶어 합니다. 학생에 대한 심층적 이해가 바탕이 되어야 문해력 수업을 체계적으로 준비할 수 있기 때문입니다. 많은 시간과 비용을 들이지 않고 학습자의 어려움을 파악할 수 있는 다섯 가지 자원을 소개합니다.

국가기초학력지원센터

한 번의 테스트로 학생의 문해력을 정확하게 알기 어렵습니다. 다행히 한국교육과정평가원의 '국가기초학력지원센터(k-basics.org)'에서는 다양한 진단 검사지를 제공합니다. 초등학교 1학년부터 중학교 학습자 대상의 '읽기 유창성과 독해력 향상을 위한 읽기 검사지(KICE Reading Inventory)', 중고등학생 대상의 '기초학력 진단을 위한 중학교 문해력 진단 도구 검사지', 초등학교 3학년~6학년 대상의 문해력 진단 도구, 초·중등 읽기 태도 검사지 등을 활용할 수 있습니다. 회원가입 없이 PC와 모바일 환경에서 관련 자료를 무료로 내려받을 수 있다는 점도 매력적입니다.

초등 저학년 학생들의 문해력 진단에서 객관식 문제 위주의 검사는 실제 이해도를 정확히 측정하기 어렵습니다. 이와 달리 '읽기 유창성과 독해력 향상을 위한 읽기 검사지'는 읽은 책의 내용이나 핵심 맥락을 주관식 독서 퀴즈 형태로 묻기 때문에 초등 저학년 학생의 문해력을 훨씬 더 효과적으로 진단할 수 있습니다. 교육부도 단순한 지필평가 형태의 진단 검사 대신 다양한 진단 및 정의적 검사 도구를 활용할 것을 강조하고 있습니다. 따라서 국가기초학력지원센터에서 상황에 맞는 검사를 실시한다면 학생 개개인의 문해력을 심층적으로 이해할 수 있을 것입니다.

EBS 당신의 문해력

EBS 당신의 문해력 사이트(literacy.ebs.co.kr/yourliteracy)

의 '초중학 문해력 테스트' 카테고리에 들어가면 초등학교 3학년부터 중학교 1학년까지 다양한 난이도의 시험을 볼 수 있습니다. 테스트는 15개의 문항으로 구성되어 있고, 테스트 결과에 따라 수준에 맞는 학습 과정을 추천해 줍니다. 하지만 수능 비문학처럼 하나의 지문에 여러 개의 문제가 딸린 형태라 첫 시간부터 활용한다면 학습자의 흥미를 떨어뜨릴 수 있습니다. 가벼운 수준의 단어 퀴즈 등 다른 문항과 섞어 적절히 재구성하는 것도 좋은 방법입니다.

충남교육청 학습종합클리닉센터 온생각

온생각(onthinking.or.kr)은 초등학교 3학년부터 고등학생까지 손쉽게 활용할 수 있도록 사고도구어의 등급을 교과서 출현 빈도와 난이도에 따라 4개 수준으로 나누었습니다. 어휘력을 늘리는 활동이 필요할 때, 어휘력을 진단하고 싶을 때 재미있게 사용할 수 있는 사이트입니다. 어휘력 점검은 단어의 한자와 뜻을 보여 주고 아는지 모르는지 점검하는 것으로 시작합니다. 예를 들어 '가감(加減)'이란 단어의 뜻을 '더하거나 빼는 일'이라고 설명하며 아는 낱말인지 모르는 낱말인지 선택하도록 합니다. 점검을 마치고 나면 '도전 마당'을 통해 퀴즈 형식으로 사고도구어를 습득할 수 있습니다. '일정한 기준이나 분량을 채워 모자람이 없게

함'이란 설명을 보여 주고 '능동', '정점', '예외', '충족' 네 가지 중 설명에 맞는 단어를 선택하는 방식입니다. 회원가입을 하면 학생과 교사 모두 무료로 이용할 수 있습니다.

네이버 국어 퀴즈

문해력 수업 시작이나 중간에 활용하며 수업 분위기 환기를 목적으로 단어 퀴즈를 낼 때가 있습니다. 단어 퀴즈 출제에 어려움이 있다면 '네이버 국어 퀴즈'를 참고합니다. 네이버 검색창에서 '국어 퀴즈'라고 검색하면 사자성어, 맞춤법, 순우리말, 속담, 외래어, 신조어에 해당하는 문제를 풀 수 있습니다. 이 중 맞춤법 문제는 일상에서 많이 사용하는 용어의 맞춤법을 확인하기에 유용합니다.[5] 예를 들어 '아이가 장난감을'이라는 말 뒤에 올 동사로 '널브러뜨렸다'가 맞는지 '널부러뜨렸다'가 맞는지 두 개 중 하나를 선택하는 문제를 제시합니다. 선택이 끝나면 하이퍼링크를 통해 정답 및 해설과 함께 네이버 국어사전에서 단어의 뜻을 확인합니다. 마우스 클릭 한 번으로 '널부러뜨리다'가 잘못된 표현이며, '부러뜨리다'와 혼동하여 잘못 사용하고 있다는 것을 쉽게 알 수 있습니다. 시간이 많지 않을 때, 짧은 글로 학생의 어휘력을 판단하고 싶을 때 유용합니다.

한우리 독서토론논술

한우리 독서토론논술(bit.ly/한우리문해력진단)에서 제공하는 '한우리 문해력 어휘력 진단'을 통해서도 초1~중1 교과 어휘력, 문해력 진단이 가능합니다. 스마트폰으로 간단하게 테스트할 수 있습니다. 문제를 풀면 정답과 해석을 즉시 제공합니다. 교과 어휘, 국어·문법지식, 학습도구어 이해로 나눠 영역별 성취 수준을 확인할 수 있습니다. 학습도구어 이해 영역의 점수가 다른 영역보다 낮게 나온 학생에게는, 비문학 작품이나 신문 사설을 읽고 새로 알게 된 어휘를 정리해 보거나 비슷한 뜻을 가진 단어를 찾고 그 차이를 알아보는 등 체계적 어휘 학습을 이어 가도록 하는 처방을 제시합니다.

국가기초학력 지원센터	당신의 문해력	온생각	네이버 국어퀴즈	한우리

가장 추천하는 방법은 검사지를 자체적으로 만들어 활용하는 것입니다. 드래곤볼을 모으는 손오공의 마음으로 평소에 여러 기관 및 사이트에서 제공하는 학생 수준에 적합

한 문제들을 스크랩합니다. 이것을 학습자의 수준에 맞춰 편집하면 세상에서 하나뿐인 검사지가 탄생합니다. 수업에서 만나는 학습자의 어려움을 파악하여 검사지를 유연하게 편집한다면 문해력 수업을 체계적으로 준비할 수 있을 것입니다.

2

읽기의 시작, 책 고르기 수업

2장 활동지 모음

읽기의 출발점, 시작은 무엇일까요? 읽기는 본문을 펼치는 것이 아니라 책을 스스로 고르는 것에서 시작합니다. 학생들에게 책을 고를 수 있는 시간과 기회, 자율성을 주면 책을 읽다가 중간에 포기하고 싶어도 포기할 수 없게 됩니다. 포기하고 싶은 마음이 들 때 책을 고르면서 들인 시간과 에너지가 떠오르기 때문이죠. 다만, 책을 성공적으로 골라서 끝까지 읽어 본 적 없는 부진 독자 학생은 자신의 취향을 인식하지 못할 수 있습니다. 자료 고르기를 어려워하는 학생이 있다면 교사가 도움을 주어야 합니다. 교사가 제한된 선택지를 제공하고 그 안에서 고르게 하는 초기 지원을 제공한다면 부진 독자 학생도 읽기에 참여할 수 있습니다. 만약 평소에 책을 즐겨 읽지 않는 선생님이라면 사서교사 또는 친구에게서 도움을 받도록 지도합니다.

❶ 책 한 권을 읽지 못해요

– 자료의 쓰임 알아보기

교사들에게 "학생이 읽기 활동에 거부감 없이 즐겁게 참여하게 하려면 어떤 자료가 좋을까요?"라고 물으면 대부분은 책을 먼저 떠올립니다. 교사들은 교과 공부에 도움이 되는 책 한 권을 읽히고 싶은 마음을 갖고 있습니다. 하지만 현실적으로 학생들에게 책 한 권을 다 읽을 시간을 줄 수 있는 교과는 많지 않습니다. 이럴 때는 '반드시 책 한 권을 다 읽어야 해'라는 틀에서 벗어나 '교과와 연계하여 다양한 물성의 자료를 읽을 기회를 주자'로 생각을 바꾸면 읽기 수업에 도전할 수 있습니다.

진도, 수업 시간, 학생들의 문해력 수준, 교과 자료 구입 예산, 수행평가 등 상황에 따라 읽기 자료가 달라집니다. 학생들에게 주제와 관련된 책과 자료의 특성을 알려 주면 학생들은 스스로 정보를 찾고, 필요한 텍스트를 고를 수 있는 안목을 기를 수 있습니다.

정확한 이론을 알고 싶을 때: 책

논문과 학술 저널이 학자의 눈높이에 맞춘 자료라면, 책은 일반인 눈높이에 맞춘 자료입니다. 어떤 주제나 사건에

'처음-중간-끝'을 모두 담아 정확한 정보를 전달합니다. 학생들은 평소에 책에서 정보를 찾지 않기 때문에 책을 통해 원하는 정보에 접근하는 것을 어려워합니다. 따라서 책을 통해 정보에 접근하는 법을 알려 주어야 합니다. 예를 들어 '인권'에 대한 자료를 책으로 찾고자 한다면 도서관 홈페이지에서 주제어로 검색하도록 합니다. 도서관 홈페이지에서 원하는 책을 찾지 못한다면 인터넷 서점의 카테고리, 미리보기 기능을 이용하게 합니다. 잘 모르는 주제일 경우 키워드를 뽑기 어렵습니다. 키워드가 책 제목에 들어가지 않는다면 검색에서 제외되기 때문에 카테고리로 접근하는 것이 좋습니다. 서점의 카테고리 메뉴에서 '사회과학-사회문제'로 들어가 판매량순, 평점순 정렬을 누르며 사람들이 많이 보는 책들을 찾아봅니다. 요즘은 각 주제별로 어린이용, 청소년용 도서가 따로 나오기 때문에 책을 미워하지만 말고, 눈여겨보라고 설명합니다.

주제에 대한 최신 사례가 필요할 때: 잡지, 인터넷 뉴스

어떤 문제나 사건의 경과, 대안을 신속하게 찾아볼 때는 인터넷 뉴스가 유용합니다. 인터넷 뉴스는 매일 신속, 정확하게 정보를 전달해 줍니다. 단, 신문사별 정치적 성향 차이를 고려하여 내용을 검토해야 합니다. 보수, 진보 각 진영에서 한두 개 정도의 기사를 정해서 내용을 비교하고 차이점을 파악하도록 합니다.

잡지는 한 주 또는 한 달을 주기로 어떤 사건에 대한 원인, 경과, 문제점, 대안 등을 제시합니다. 사진, 삽화, 그래프 등 시각 자료로 글의 내용을 뒷받침하기 때문에 읽으면서 자연스럽게 사실 검증을 할 수 있습니다. 평소에 잡지를 잘 접하지 않는 학생들은 잡지를 낯설고 생소하게 느낄 수 있습니다. 이런 학생들에게 잡지의 발행주기와 특성, 시각 자료를 읽는 법(예: 사진에서 인물, 공간, 시대, 계절을 파악하고 무엇을 알 수 있는지 추론하기)을 알려 줍니다.

여론을 파악하고, 화제성을 확인할 때: SNS

트위터, 인스타그램, 블로그와 같은 SNS는 여론 및 사람들의 개인적 견해를 파악할 때, 어떤 사건의 화제성을 확인할 때, 갈등 문제에 대한 정보를 빠르게 수집할 때 도움이 됩니다. 날것 그대로의 감상, 생생함이 담겨 있지만 정보의 정확성이 낮고, 허위 사실이 담겨 있을 수 있습니다. 따라서 평가받는 글쓰기, 공식적인 글쓰기에서 SNS를 활용한다면 해당 내용이 사실인지 아닌지 판단하여 정보를 활용해야 합니다.

현장감 있고, 구체적인 설명이 필요할 때: 유튜브

동영상 매체인 YouTube에는 일반인, 전문가들이 '~하는 방법', 생활 밀착형 정보를 구체적이고 현장감 있게 전달하는 채널이 많습니다. 이런 채널 중 말로 정보를 알려 주는 경우, 글로 담지 못하는 세부적인 내용을 언급하기도 합니다. 이런 자료는 글로 읽는 것보다 이해하기 쉽습니다. 단, 각각의 채널은 편집자만의 견해가 반영되었을 수도 있고, 심의 및 검증을 거치지 않은 자료를 제시하는 채널도 있기 때문에 정보가 적합한지 판단하여 써야 합니다.

심도 있고, 실패율이 낮은 해결 방안을 찾을 때: 논문, 학술저널

학술저널, 논문은 학회와 대학에서 심사 후 발행되기 때문에 근거가 객관적이며 전문적입니다. 폭염 피해를 줄이기 위한 대안처럼 타당한 근거 자료가 필요할 때, 어떤 문제의 대안과 해결 방안을 제시할 때 유용합니다. 학위논문을 검색한다면 학술연구정보서비스(RISS), 학술기사를 검색한다면 디비피아(DBpia)를 활용하도록 안내합니다. 깊숙한 내용을 꺼내 볼 용기가 생기지 않는다면, 초록(abstract)을 읽으며 배경지식을 쌓은 후 본문을 보는 것이 좋습니다.

통계 자료가 필요할 때:

국가통계포털, 정부 부처 및 공공 기관 홈페이지

통계 자료는 어떠한 주장을 펼칠 때 근거가 됩니다. 국가통계포털(KOSIS)에서는 국내, 국제, 북한의 주요 경제, 사회, 인구 등 1,400종의 국가 통계를 확인할 수 있습니다. 각 정부 부처 홈페이지에서는 분야별 통계 자료를 볼 수 있습니다. 예를 들어 저출생 관련 인포그래픽을 제작하기 위해 지역별 합계출산율 수치가 필요하다면 국가통계포털의 '인구동향조사' 자료를 활용할 수 있습니다. 전문 기관 및 연구소에서도 특정 주제별(예: 미세먼지, 건강, 환경 등) 통계 자료를 제공합니다. 이 외에도 학술 기사, 논문의 최신 연구 데이터에서도 통계 자료를 찾을 수 있습니다.

개념 및 정의를 알고 싶을 때: 인터넷 백과사전

효과적인 탐구의 출발은 주제에 대한 개념을 명확히 아는 데서 시작합니다. 예를 들어 'GMO의 위험성'에 대해 자료를 찾아 읽는다면, 가장 먼저 GMO가 무엇인지 정확히 아는 것이 중요합니다. 다음백과(100.daum.net), 네이버 지식백과(terms.naver.com) 같은 인터넷 백과사전을 활용하면 도움을 받을 수 있습니다. 탐구하고자 하는 단어를 입력하면 다양한 사전에서 주제를 어떻게 정의하는지 한눈에 파악할 수 있습니다. 더 나아가 인터넷 백과사전은 설명과 함께 연관 검색어(GMO완전표시, GMO식품, GMO사례, GMO옥수수, LMO, GMP)를 보여 주기 때문에 확장하여 검색하기 쉽습니다. 이 연관 검색어들을 잘 기록해 두고 활용하면 검색의 질이 훨씬 높아집니다. 인터넷 백과사전의 글들을 꼬리에 꼬리를 물듯이 이어 읽다 보면 특정 분야의 지식을 신속하게 이해할 수 있을 뿐만 아니라, 정보를 처리하고 학습하는 능력까지도 자연스럽게 높아질 것입니다.[6)]

인터넷 백과사전 활용법

최초 키워드 입력하기	핵심 단어를 인터넷 백과사전에 입력합니다.	예) 사건의 지평선
요약 중심으로 읽기	인터넷 백과사전 검색 결과 위쪽에는 해당 지식을 한 줄로 정리한 '요약'이 있습니다. 본문 전체를 읽고 이해하기 힘들다면 요약 중심으로 읽습니다.	예) 중력장이 극도로 강한 블랙홀의 경계로 빛과 정보조차 빠져나올 수 없는 지점
요약에서 이해가 안 되는 개념 검색하기	요약을 읽다가 이해가 안 되는 단어나 표현을 다시 인터넷 백과사전에 입력합니다.	예) 시간 지연 현상, 빛의 굴절 현상

새 검색어 찾기	알아야 할 표현이 '곡률', '블랙홀'과 같은 특정한 검색어일 때는 백과사전의 요약 중심으로 읽으면 됩니다. 하지만 '사건의 지평선에서 일어나는 현상' 같은 개념일 때는 이를 이해할 수 있는 검색어를 유추해서 검색해야 합니다.	예) 시간 지연, 빛의 굴절 현상→중력렌즈

❷ 책을 구해 오지 않아요

– 자만추의 공간, 도서관 활용하기

교과 도서 구입 예산은 없고, 학생들이 책을 구해 오지 않을 때 도서관은 유일한 구원 투수가 됩니다. 교실에 학급문고가 있더라도 학생들은 학교도서관이나 공공도서관을 이용할 필요가 있습니다. 학급문고·학교도서관·공공도서관의 차이점, 각각의 도서관에서 적절한 책을 쉽게 고르는 방법, 필요에 따라 이용하는 법을 알고 있어야 성공적으로 책을 고를 수 있습니다. 책으로 둘러싸인 공간에서 게임을 하듯이 휩쓸려서 너무 쉽거나 어려운 책을 고르면 끝까지 읽기 힘듭니다. 특히 문해력이 낮은 학생은 도서관에서 성공적으로 책을 골라본 경험이 부족하기 때문에 도서관을 거닐며 책을 스스로 고를 수 있는 기회와 시간을 주는 게 좋습니다. 자만추(자연스러운 만남 추구)의 공간, 도서관에서 책을 고르는 안목을 높이는 세 가지 방법은 다음과 같습니다.

독서와 도서관의 매력 알려 주기

책을 고르는 기술적인 방법을 설명하기에 앞서 학생들이 즐거움을 위해 책을 읽는 습관을 기를 수 있도록 책과 도서관의 좋은 점에 대해 알려 줍니다. 당위성 측면을 벗어나서 조금 더 재미있게 접근하는 게 좋습니다. 도서관의 유구한 역사부터 도서관을 이용하지 않았을 때 일어날 수 있는 어두컴컴한 미래까지 이야기하면 학생들의 눈빛이 달라집니다.

- **문제해결형** "수행평가 문제를 혼자서 해결하기 힘들 때 사서선생님께 SOS를 청하면 최소한의 공부 문턱을 넘을 수 있어요."

- **낭만형** "과거에 도서관은 능력과 시간을 가진 자들의 공간이었어요. 학교에서 교과서로 공부하고 도서관과 서가 사이를 산책하는 것은 유구한 역사를 가진 철학자와 함께 호흡하는 것입니다. 학교에 다니는 동안 도서관을 이용하는 가진 자가 될 것인지는 여러분의 선택입니다."

- **현실형** "머무르는 것만으로도 지식의 지평을 넓혀 주는 곳이 바로 도서관입니다. 도서관에서 재미있는 책을 발견하여 읽다 보면 문해력이 자연스럽게 높아집니다. 문해력이 낮으면 생활할 때도 어려움을 겪을 수 있어요. 나중에 집 살 때 대출받으려면 은행 가서 계약서를 읽고, 작성해야 해요. 대학에 가서 자취하게 되면 원룸 계약서도 써야 하는데 계약서를 제대로 이해 못 해서 보증금을 돌려받지 못하면 큰일이겠죠? 중고차를 살 때도, 핸드폰을 계약할 때도 사기를 당하면 안 되겠죠?"

- **전략가형** "훌륭한 콘텐츠에 효율적으로 접근하고 싶다면 인터넷보다는 도서관을 추천합니다. 도서관은 디지털 세계와 달리 콘텐츠를 적절히 분류하고, 보존하는 시스템을 갖추고 있어요.[7] 쉽게 말해, '패스트 패션의 문제점'에 대한 콘텐츠에 접근하려고 한다면 책의 경우 도서관의 기술과학〉생활과학〉의복 코너에 가서 대략 훑어만 봐도 미처 기대하지 않았던 양질의 정보에 맞닥뜨릴 확률이 굉장히 높지만, 유튜브나 여타 콘텐츠는 훌륭한 콘텐츠에 우연히 접할 확률이 낮습니다. 또 주제별로 느슨하게 분류되어 있는 서가에서 읽어보고 싶은 책을 뽑다가 내가 미처 알려고 생각조차 하지 못했던 정보를 찾을 수도 있습니다."

이렇게 여러 답을 미리 준비해 두면 "도서관에 가는 게 귀찮아요.", "책을 왜 읽어야 하는지 모르겠어요."라는 질문이 들어올 때 학생 성향에 맞춰 척척 답을 줄 수 있습니다.

KDC 분류 기호와 교과목 연계하기

교과 독서용 책을 고르기 위해 도서관에 방문한다면 한국십진분류법(Korean Decimal Classification) 기호와 교과목을 연계하여 책을 선택하는 방법에 대해 알려 줍니다. 예를 들어, 윤리 시간에는 160 서가에서 아리스토텔레스, 플라톤 같은 철학자와 함께 호흡하고, 생물 시간에는 470 생명과학 서가에서 『종의 기원』을 쓴 찰스 다윈과 만납니다. 미술 시간에는 650 회화 서가에서 『왜 유명한 거야, 이 그림?』을 읽고, 클림트와 뭉크의 명화를 감상하며 숨은 의미를 발견합니다. 책을 스스로 골라 본 경험이 없는 학생일수록 넓은 범위에서 책을 고르고 찾는 것을 어려워하기 때문에 한국십진분류 기호를 활용하여 도서 탐색의 범위를 좁혀 주는 것이 효율적입니다. 도서관 책장에 꽂혀 있는 책들에는 작가가 최소 몇 달을 고민하며 뽑아낸 정수가 담겨 있습니다. 과목별 책장과 책장 사이로 책등만 읽으며 걸어도 공부가 되니 학생들에게 관심 있는 서가 앞을 거닐도록 기회를 주세요.

책 대화로 책 고르기

도서관에 학생들을 데려가 자유롭게 책을 고르도록 하면 서가 앞에서 무슨 책을 골라야 할지 몰라 어려움을 겪는 학생들이 보입니다. 어두운 표정으로 서가 앞을 떠나지 못하는 학생을 발견하면, 어떤 부분을 어려워하는지 파악해서 책 선정부터 뒤처지지 않도록 도와주어야 합니다. 먼저 눈을 맞추며 질문을 꺼내 학생의 취향을 파악합니다. 학생의 취향에 맞춰 책을 추천한다면 책을 끝까지 읽을 가능성이 높아집니다. "좋아하는 작가가 있나요? 그 작가의 작품을 찾아볼까요?", "헌책이 싫다면, 도서관 신간 도서 서가에서 새 책을 확인해 볼까요?", "친구들에게 재미있게 읽었던 책, 요즘 읽고 있는 책이 뭐냐고 물어봤나요?", "친구에게 물어보기 싫다면, 사서선생님에게 추천해 달라고 요청해 볼까요?", "여유 시간이 있다면 도서관 책장을 살피며 예전에 놓쳤던 보석이 있나 천천히 훑어볼까요?" 한 마디, 두 마디 툭툭 꺼내며 이야기를 시작하면 학생들도 계속 이야기를 꺼냅니다.

단 한 번이라도 재미있게 읽은 책을 만나면 책과의 관계는 달라집니다. 학교의 자원을 잘 활용하는 것 또한 좋은 교육의 출발점임을 기억하고, 자만추의 공간 도서관에서 학생들을 안내해 주길 바랍니다.

❸ 책을 고르는 안목이 없어요

- 책 선택을 돕는 기준 알아보기

"책을 고를 때 실패하지 않는 방법이 있나요?" 입시 준비로 마음의 여유가 없는 사춘기 학생들이 종종 이런 질문들을 꺼내고는 합니다. 안타깝게도 그런 마법 같은 방법은 없습니다. 지금 나에게 좋은 책은 다른 누구도 아닌 내가 직접 읽어 봐야만 알 수 있기 때문입니다. 나만의 취향이 생길 때까지 적극적으로 실패하며 읽어야 취향을 찾을 수 있습니다. 안목과 취향은 특정 분야에 대한 경험이 차곡차곡 쌓여야 생깁니다. 대개 학생들은 책을 선정할 때 좋아하는 등장인물이 나온다거나 좋아하는 작가가 책을 썼다는 이유만으로 책을 고르는데 이는 바람직하지 않습니다. 다양한 조건을 고려해 책을 고르는 안목이 필요합니다.

책을 고르는 기준 파악하기

가장 먼저 전체 학생들에게 평소 어떤 기준으로 책을 고르는지 묻습니다. 학생들의 책 선정 기준을 교사가 알고 있어야 책을 고르는 방법을 가르칠 수 있기 때문입니다. "나만의 책을 고르는 기준 또는 방법이 있나요?", "각자 어떤 기준으로 책을 고르는지 말해 볼까요?", "책을 고르는 기준이 여러 개라면 여러 단어를 말해도 좋아요." 교사는 학생들이 브레인스토밍하는 단어를 판서하며 '책 고르는 기준'을 모아 보여 줍니다. 시험, 취미, 여가생활, 삶에 대한 성찰과 반성, 진로 등 상황에 따라 독서의 목적, 책을 고르는 기준이 달라진다는 점을 알려 줍니다.

(닿소리표로 정리하는) 3학년 1반의 책 선택 기준

ㄱ	ㄴ	ㄷ	ㄹ
글쓴이	느낌	등장인물	로맨스
글의 양	난이도	두께	
그림	남주(키)	단어	
관심	내용	다섯손가락법칙	
ㅁ	**ㅂ**		**ㅎ**
문학	반전		후기
만화	베스트셀러	중략	호러
문학상	분위기		해석
문장			호기심

북매치를 활용하기

'책 고르는 기준'에 대한 브레인스토밍을 끝내면, '북매치(BookMatch)'에 대해 알려 줍니다. 북매치는 스스로 책을 고르는 전략 중 하나입니다. 책을 고를 때 고려해야 할 사항의 앞 글자를 따서 만들었습니다. 학생이 스스로 책 고르기를 잘 해낼 것이라는 신뢰가 바탕이 되어야 가능한 활동입니다.

'책의 분량이 적당한가?(Book length)', '아무 쪽이나 펴서 읽었을 때 의미를 이해할 수 있는가?(Ordinary language)', '책은 어떻게 구성되어 있는가?(Organization)', '책에서 다루는 내용 중 이미 알고 있는 지식이 있나?(Knowledge to prior to book)', '이해할 수 있는 글인가?(Manageable text)', '흥미로운 분야인가?(Appeal to genre)', '적합한 주제인가?(Topic appropriateness)', '세상에서 일어나는 일이나 자기 경험과 관련 지을 수 있는가?(Connection)', '흥미가 있는가?(High-interest)'를 살펴보는 방법입니다. 상황에 따라 9가지 항목에서 몇 가지 기준을 삭제하고 변형하여 활용할 수 있습니다.

활동에 대한 설명을 마치면 학생들에게 직접 서가에 가서 읽고 싶은 책을 고르도록 합니다. 반마다 책 표지와 맹목적 사랑에 빠지는 학생들이 있습니다. 그러한 학생들에게는 목차와 서문, 책날개, 참고문헌 등을 살펴보도록 합니다. 책을 고르면 책 정보와 선정 이유를 글로 쓰며 자기 생각을 정리하는 시간을 줍니다. 그리고 옆자리 친구 또는 모둠원들에게 고른 책을 보여 주고, 책 선정 이유를 돌아가며 이야기하도록 합니다. 책을 고른 이유에 대해 밝힐 때는 "어떤 점에 이끌려서 이 책을 살펴보게 되었는가?", "이 책을 고른 이유는 평소에 어떤 분야에 관심이 있었기 때문인가?", "이 책을 통해서 어떤 내용에 대해 알고 싶은가?"와 같은 질문에 구체적으로 답하도록 합니다.

독서 경험치가 낮은 학생의 경우 시간을 주고, 기준을 자세하게 설명해도 책을 잘 고르지 못합니다. 서가 앞에서 물음표만 떠올리는 학생들에게는 교사가 적극적으로 책을 추천해 주는 것이 좋습니다. "이 주제에 관심이 가니?", "왜 이 책을 읽고 싶어?", "첫 페이지를 읽어 봤을 때 모르는 낱말이 있니?", "도전할 만큼 흥미가 가니?", "이 작가의 책을 읽은 적 있어? 읽어봤다면 재미있었니?", "가장 최근에 읽은 책은 무슨 책이야? 비슷한 책을 찾아볼까?" 이러한 질문들을 꺼내며 학년이 아니라 학생 개인에게 맞춰 책을 2~3권 추천해 줍니다. 처음부터 한 권의 책을 추천하는 것보다 2~3권 정도를 추천하고, 그중 한 권을 고르게 하는 것이 책을 끝까지 읽을 가능성을 높입니다.

'다섯 손가락 법칙'으로 자기 수준에 맞는 책 고르기

글, 책의 난이도는 양적·질적 척도로 어느 정도 객관화할 수 있지만 매우 주관적이며 가변적입니다. 렉사일 지수 300L이라든가, 'OO연구 교사 모임의 4학년 추천 도서'라는 전문가의 판단은 참고하되 전적으로 의존해서는 안 됩니다. 학생을 관찰하고 대화하면서 학생의 감정과 상황으로부터 읽기의 맥락을 알아내야 적절한 난이도를 판단할 수 있습니다.[8] 이를 위해 교사는 학생 스스로 어떤 수준의 책이 자신에게 맞는지 가늠하는 방법을 가르쳐야 합니다.

학교 수업에서는 학생이 스스로 읽을 책을 고르기 때문에 본문을 직접 읽으며 자신의 이해도를 스스로 판단하는 것이 좋습니다. 자기 수준에 맞는 책을 고르지 못하는 학생에게 '다섯 손가락 법칙'을 알려 줍니다. 한 페이지 안에 얼마나 낯선 단어가 많이 포함되어 있는가를 계산하는 것은 글의 쉽고 어려움을 측정하는 가장 간단한 방법입니다. 먼저, 한 페이지에 새로운 단어 또는 모르는 단어가 하나씩 나올 때마다 손가락을 꼽으며 세어 보게 합니다. 한 면에 모르는 단어가 2~3개 나온다면 읽어도 무리가 없는 책입니다. 조금 어려운 단어가 섞여 있는 책이 단어의 뜻을 유추하며 내용을 예측하고 전체 의미를 추론할 수 있어서 좋습니다. 만약 다섯 손가락을 다 꼽으면 그 책은 어려운 수준이므로 다른 책을 고르도록 지도합니다.

❹ 무엇을 읽을지 몰라요

– 책을 찍지 않고 고르기

읽기의 최대 진입 장벽은 무엇을 읽을지 모른다는 것입니다. 책이 너무 많아서 대체 뭐가 좋은 책인지 모르는 상황에는 더더욱 그러합니다. 진심으로 어떤 안목 있는 사람이 직접 양서를 두루 읽어 보고 사려 깊게 알려 주는 서비스도 찾기 힘듭니다. 책을 안 읽고, 못 읽는다는 꾸짖음 말고, 진짜 책 읽기에 도움을 주려면 어떻게 해야 할까요? 책을 싫어하는 학생들에게 독서 시간이 지옥처럼 느껴지지 않게 하려면 어떤 준비가 필요할까요? 책을 찍지 않고 고르게 만드는 방법이 필요합니다.

다양한 수준의 학생들을 고려한 책 선정

학생들은 학습 주제에 대한 관심, 동기, 배경지식, 사전 경험이 모두 다릅니다. 개개인의 특성과 기호가 다른데 한 주제에 대해 한 책만 읽게 한다면 누군가에게는 괴로운 공부가 될 수 있습니다. 학생 모두를 참여하게 하려면 쉬운 책, 보통 책, 난도가 높은 책으로 나눠서 준비해야 합니다. 난도가 높은 책은 학습 주제에 관심이 높은 학생, 보통 책은 평범한 학생, 쉬운 책은 수업 시간에 무기력하거나 문해력이 낮은 학생을 위한 것입니다.

과학 시간에 태양계 행성에 대해 텍스트를 읽는다면 어떤 책을 추천하는 게 좋을까요? 우주 덕후 학생에게는 뉴턴 하이라이트 시리즈 『우주 대도감』을 권할 수 있습니다. 체육 결·보강 여부에만 관심을 두고, 잠을 자는 학생에게는 『매기 박사의 태양계 여행』 그림책을 주며 탐구하고자 하는 행성 부분만 발췌하여 읽게 합니다.

사회 시간에 노동권 탐구를 위해 보통의 학생들에게 단편소설집 『땀 흘리는 소설』을 읽도록 하고, 느리고 더딘 학생들에게는 숀 탠의 그림책 『매미』를 읽고 비정규직에 대한 차별을 이해하게 할 수 있습니다. 이렇게 학생의 수준에 맞춰 책을 제공하면 입을 꾹 다물고 집중하며 읽는 학생들을 교실에서 더 많이 볼 수 있을 것입니다.

해제를 포함한 추천 도서 목록 제공

사회 문제와 해결 방안을 다루는 도서, 과학 쟁점을 다루는 소설, 교과서에 등장하는 인물의 평전, 책에 관심 없는 학생도 읽게 만드는 도서 등 학교나 여러 기관에서 배부하는 추천 도서 목록을 보면 책 제목과 저자에 대한 정보만 나열되어 있는 경우가 많습니다. 좋은 책을 단순히 모아둔 추천 도서 목록만으로는 독서 지도가 잘 되지 않습니다. 학생들이 의미 있는 선택을 하려면 잘 읽는 책을 수준별로 다양하게 모으고 추천 도서 목록에 책 정보를 포함시켜야 합니다. 목록에 도서명, 저자명, 저자 소개, 교과 관련 주제, 해제를 담아야 학생들이 책을 찍지 않고 고르게 됩니다.

학교도서관에 교과 주제 관련 자료가 부족한 경우, 국립중앙도서관에서 제공하는 질의응답 서비스 '사서에게 물어보세요'를 이용하면 책에 대한 정보를 받아볼 수 있습니다. 1:1 무료 맞춤 서비스로 교과 주제에 맞는 책, 논문, 뉴스 기사, 동영상 등 찾고자 하는 자료에 대해 질문하면 사서가 관련된 책이나 정보를 이메일로 알려 줍니다. 질문을 남기면 일주일 내에 원하는 자료 정보를 받을 수 있습니다. 해당 도서를 구입하는 시간도 필요하므로 수업을 미리 계획하고 여유 있게 질문을 남겨야 합니다.

학생들에게 추천 도서를 직접 보여 주거나 일부를 읽어 주는 방법도 좋습니다. 추천 도서는 읽어야 하는 책을 알려 주기 위해 만드는 것이 아니라 의미 있는 책 선택을 도와주기 위해 만드는 목록이기 때문입니다. 실물 자료가 전체 학생에게 보이지 않을 때는 인터넷 서점의 '미리보기' 기능을 활용하여 책을 읽어 주고, 책의 맛을 느끼게 도와줍니다.

다양한 분야와 책의 형태에 대해 알려 주기

학생들이 경험한 책의 세계는 교사만큼 넓지 않기 때문에 다양한 분야와 책의 형태에 대해 알려 줄 필요가 있습니다.[9] 먼저 특정 분야에 대한 특징, 표현 방식, 대표작 등을 알려 줍니다. 그리고 해당 서가에 아이들을 데려가서 20~30분 동안 책을 구경하고 읽어 보게 합니다. 다양한 분야의 책에 대한 정보를 아이들이 알면 책을 선택하는 폭을 넓힐 수 있습니다. 보통 국어 수업에서 시나 소설을 다루기 때문에 신문, 잡지, 뉴스레터 등 다양한 주제의 논픽션 등을 수업 자료로 삼을 때 사서교사와 협업하여 수업을 구성하면 효과적입니다.

초등학교 1학년 대상으로 〈소중한 책을 소개해요〉 단원과 관련지어 '여러 가지 모양의 책 읽기' 수업을 할 수 있습니다.[10] 교과서에 소개된 병풍책, 팝업북, 그림자책, 방수책, AR(증강현실)책, 빅북, 점자책, 사운드북 등 여러 모양의 책을 찾아 읽고 책의 모양과 내용, 재미있게 표현한 점 등을 찾아 말하는 활동을 진행합니다. 이러한 수업을 하면 가상 현실에 익숙한 학생도 종이책을 매력적인 매체로 느끼게 됩니다. 또한 책의 생김새를 눈으로 보고, 손으로 느끼고, 귀로 듣고, 코로 향기를 맡는 등 책과의 상호작용 속에서 독서 경험을 확장할 수 있습니다.

중고등학생을 대상으로는 잡지를 활용한 논픽션 읽기 수업도 가능합니다. 지리 시간이라면 〈내셔널 지오그래픽〉 읽기 수업을 진행할 수 있습니다. 잡지를 본격적으로 읽기 전,〈내셔널 지오그래픽〉의 특징을 설명하면서 기사 첫 페이지를 보여 줍니다. 잡지 기사의 제목, 주제, 이미지, 시각 자료 캡션에서 핵심 정보를 파악하는 방법을 알려 주면 학생들은 검색 알고리즘에서 벗어나 종이 잡지의 물성을 느끼며 텍스트를 읽기 시작합니다.

3

문해력의 바탕, 어휘력 수업

3장 활동지 모음

"단어 설명을 언제쯤 안 할 수 있을까요? 학생들이 원인, 의의, 요약 이런 말을 몰라요.", "학생들한테 필요한 게 교과 개념 이해가 아닐 수 있겠다고 생각했어요. 사회 수업을 위해서는 문해력이 뒷받침되어야 한다고 느꼈어요." 학생이 기본적인 단어, 학습 어휘를 알아듣지 못해 수업 시간 내내 단어만 풀이하다가 끝났다는 동료 선생님들의 고민을 종종 듣습니다. 학생들에게 문해력이 부족하다고 느껴지는 때는 언제인지 물어보니 읽은 내용이 이해되지 않을 때, 모르는 단어가 나와서 글 읽는 데 방해될 때라고 합니다. 교사가 초기 문화자본의 결핍을 전부 메꿔 줄 수는 없지만, 새로운 어휘를 찾아 나가는 방법을 알려 주며 에너지를 불어넣어 줄 수는 있습니다. 아는 어휘가 많아야 글을 잘 이해할 수 있고 자신감을 높일 수 있기 때문입니다. 어휘가 쓰이는 실제적 맥락 안에서 학습도구어와 교과 어휘를 챙기는 네 가지 노하우를 소개합니다.

❶ 교과서를 읽을 때 좌절해요

- 교과 어휘 익히기

수업 시간에 "부력은 무슨 뜻이에요?", "과학에서 말하는 등급(等級)과 일상에서 사용하는 등급은 어떻게 달라요?" 같은 질문이 팝콘처럼 튀어나옵니다. 학생들은 서로 잘못 알고 있는 단어를 이야기하면서 배꼽을 잡습니다. '톱밥'과 '텃밭'을 헷갈려 하는 친구를 보면서 웃음을 멈출 줄 모릅니다. 어휘를 묻는 질문이 들어오면 '기본적인 교과 어휘도 모르는데, 내용 파악이 어렵지는 않을까? 혹시 다른 어휘도 이해를 방해하는 걸림돌로 느껴지지 않을까?' 걱정이 듭니다. 교과 어휘의 뜻을 몰라 교과서를 제대로 읽지 못하고, 수업을 따라가지 못하는 학생들에게 적절한 자극을 제공하는 5가지 방법부터 먼저 이야기해 보려 합니다.

교과 어휘 개념집 만들기

교과 어휘 개념집을 만들기 위해서는 휴대하기 편한 노트 또는 메모장을 준비해야 합니다. 학생들은 수업 진도에 맞춰 교과 어휘를 미리 정리해 둡니다. "교과서를 씹어 먹고 싶은데, 수업에서 선생님이 말하는 게 줄줄 새는 느낌이 나서 힘들 때가 많죠? 영단어를 외우듯이 교과 어휘 공부를 하면 수업 내용이 귀에 들어올 겁니다. 먼저 교과서 두 쪽을 읽어 봅시다. 문맥을 따져 봐도 그 뜻을 짐작할 수 없는 어휘만 골라 기록하세요." 수업이 끝나면 확실히 이해한 개념과 아직 헷갈리는 개념을 이해도 칸에 체크하도록 합니다. 최대한 많이 만나야 내 것으로 만들 수 있기 때문에 일주일에 한두 번 정해진 시간에 훑어보는 습관을 갖도록 합니다. 모르는 용어를 중심으로 반복해서 보는 것이 효과적입니다.

선사 문화의 전개와 고대 국가의 형성[11)]

역사 용어	뜻	이해 여부
뗀석기	돌을 깨거나 떼어 내어 만든 도구	○
간석기	돌을 갈아 만든 도구	×
군장	청동기 시대에 여러 부족을 통합한 권력자	○

교과 핵심 어휘를 미리 알려 주기

'교과 어휘 개념집'을 만드는 유토피아적 학생이 보이지 않을 때는 어떻게 해야 할까요? 학생들이 막판에 아무 단어나 옮겨 적고 손 운동으로 끝낸다면 좌절하지 말고, 교사가 수업 전 핵심 어휘를 추려서 미리 알려 주면 됩니다. 교과서 내용을 이해하는 데 필수적인 핵심 어휘와 뜻을 제시하고 수업을 하면 아이들의 눈빛과 반응이 달라집니다. 수업 내용을 알아들으니까 흥미도 생기고 몰입도가 높아질 수밖에 없습니다. 한 시간 내에 읽을 수 있는 분량을 나눈 다음, 학생들이 모를 것 같은 단어의 뜻을 찾아 각 차시별 독서 일지나 학습지에 넣어 줍니다. "활동지에 쓰인 단어 중에서 자신이 잘 몰랐던 단어에 밑줄을 긋고, 그 의미를 먼저 파악한 다음 텍스트를 읽어 보세요."라고 말합니다.

이와 더불어 새로운 교과 내용을 학습하기 전에 어휘의 정의, 위계 구조, 특징, 사례, 반례를 분석해 보는 활동을 하거나 함께 쓰이는 말들의 관계를 조사하도록 지도합니다. 예를 들어 '최저임금제'에 대해 학습한다면 '최저임금법', '최저임금위원회', '최저임금 시간'의 뜻을 먼저 학습하는 것입니다. 이와 같은 정교화 연습을 통해 어휘 수준을 끌어올릴 수 있습니다.

사전을 활용하여 교과 어휘 조사하기

학습 어휘를 조사할 때 사전을 활용하여 뜻을 정확하게 파악하는 것도 중요합니다. 먼저 교사는 '네이버 국어사전'을 화면에 띄우고 단어 뜻 찾는 방법을 보여 줍니다. '가결'에 대한 뜻을 찾는다면, 단어 뜻풀이를 읽은 후 예문도 함께 읽어 보도록 합니다. 교과에서 사용하는 어휘는 평소 일상생활에서 쓰이지 않는 경우가 많아서 그 의미가 생생하게 와닿지 않습니다. 그러므로 사전을 들여다보며 예문, 유의어, 반의어도 살펴보면서 해당 단어가 적절하게 쓰인 문장들을 익히는 연습이 필요합니다. 예문을 읽으면 단어가 어떤 상황에서 쓰이는지 알 수 있기 때문에 문장을 읽어내는 능력치도 함께 상승하는 효과를 볼 수 있습니다. 그런 다음에는 단어를 넣어 문장을 써 보면서 그 단어가 실제로 어떻게 활용되는지 익혀야 합니다. '가결'과 '결의'처럼 뜻이 헷갈리는 단어도 문장 속에 넣어 보면 정확한 뜻을 알게 됩니다. 해당 단어를 넣어 문장을 쓰거나 그 단어를 사용해 대화를 하는 등 직접 활용해 보는 것이 가장 좋은 어휘 학습법입니다.

한자의 뜻을 함께 공부하기

요즘 학생들은 한자에 대한 지식이 부족하기 때문에 한자어를 가르칠 때는 그 뜻을 함께 짚어 줍니다. 소설 「소나기」를 감상하는 수업을 한다면, '초시(初試)'나 '악상(惡喪)'과 같은 한자어의 의미를 알려 주며 단어를 학습하도록 합니다. 학생들은 한자의 의미를 알고 나면 낯선 용어를 훨씬 친근하게 느낍니다. 여러 작품에서 자주 쓰이는 한자어는 한 번 익혀 두면, 그 단어가 쓰인 부분의 내용을 이해하는 데 도움이 됩니다.

단어의 뜻을 확인할 때 사전을 찾지 않고 단어의 뜻을 유추할 수 있는 방법도 알려 줍니다. 교사가 앞뒤 문맥을 살펴보거나, 단어가 쓰인 문장을 떠올리거나 단어에 쓰인 한자어를 생각하는 방법을 시연하면 학생들이 감을 잡고 따라 합니다. 예를 들어 '사료하다'란 한자어의 '사(思)'는 '생각하다'라는 뜻이고, '료(料)'는 '헤아리다'라는 의미니까 '아, 생각하여 헤아리는 걸 말하는 거구나'라고 생각해 볼 수 있는 것입니다. 혹시나 유추한 게 맞는지 의심이 든다면 예문을 참고하여 정확히 뜻을 파악해 보도록 합니다.

한 문장 쓰기를 통해 복습하기

모르는 단어를 활용하여 문장 만들기 활동을 하면 학생이 단어의 뜻을 정확하게 파악했는지 알 수 있습니다. 간혹 문장을 만들 때 단어 그 자체를 설명하는 학생들이 있습니다. 이를 방지하기 위해 교사가 예문을 만들어 먼저 보여주면 유연하게 문장을 써냅니다.

[활동지 문항] 모르는 어휘와 그 뜻을 찾아 쓰시오.

단어	유추한 정의	단어 뜻
가결	통과되다.	회의에서 제출된 의안을 합당하다고 결정함. 반대말 부결

부결	통과되지 못하다.	의논한 안건을 받아들이지 아니하기로 결정함. 반대말 가결
모르는 어휘를 활용하여 문장 만들기		
과연 탄핵소추안은 가결될까? 부결될까?		

학습 어휘가 부족해 교과서 읽기에 어려움을 겪는 학생들이 많다면 이 외에도 '교과 연계 도서를 읽고, 모르는 낱말 100개를 찾아 뜻풀이 쓰기', '교과서 어휘 사전 만들기'와 같은 수행평가를 실시할 수도 있습니다. 고등학교에서는 평가와 기록을 무시할 수 없기 때문에 학교생활기록부 과목별 세부능력 특기사항, 평가와 연결하면 학생들이 좀 더 관심을 갖고 활동에 임하게 됩니다.

❷ 문제를 읽고도 이해하지 못해요

- 학습도구어 챙기기

교과 학술 어휘가 특정 교과에 한정된 어휘라면 학습도구어(Academic Vocabulary)는 전 교과의 교과서 이해를 위해 알아야 하는 필수 어휘입니다. 예를 들어 일상에서는 '나누다'라는 표현을 자주 쓰지만 교과서에는 '분류하다', '구분하다', '분석하다', '구별하다' 등의 단어들로 표현됩니다. 학습도구어의 미세한 의미 차이를 세밀하게 파악하느냐 파악하지 못하느냐는 학습 내용을 이해하는 데 있어 큰 차이를 가져옵니다. 학습도구어는 일상에서 대화할 때 자주 쓰는 어휘가 아니므로 영단어처럼 따로 공부해서 의미를 익혀야 합니다.

무료 학습도구어 교육 자료 수집하기

다행히 학습도구어의 뜻을 익힐 수 있는 목록이 시중에 많이 나와 있습니다. 국가기초학력지원센터, EBS 홈페이지와 시·도 교육청에서도 학습도구어 교육 자료를 무료로 제공합니다.

국가기초학력지원센터(bit.ly/국가기초학력지원센터)에서는 초등 대상의 '꼼알어휘', 중학교 대상의 '사고도구어 단어카드'를 제공하고 있습니다. '꼼알어휘'는 초등 교과서에 자주 나오는 35개의 학습도구어를 꼼꼼하게 소개하는 자료입니다. 어려운 학습도구어를 언제, 어떻게 쓰는지 만화로 보여 준다는 점이 매력적입니다. 단어가 쓰이는 상황과 뜻을 확실히 이해할 수 있도록 학생들이 경험했을 법한 상황을 시각적으로 보여 줍니다. 예문은 어디선가 들어봤을 법한 문장으로 되어 있습니다. '운동을 하기로 마음먹었으면 실천해야지.', '나의 독서 계획은 한 달에 책 한 권씩 읽는 거야.' 이러한 예문은 사전적 정의 외에도 친근한 설명이 꼭 필요한 느린 학생들에게도 도움이 됩니다.

'EBS 당신의 문해력' 사이트(bit.ly/EBS학습도구어)에서는 중3 국어, 사회, 과학 교과 중심의 학습도구어 목록을 PDF 파일로 제공합니다. 학생들에게 학습도구어 목록의 2,440개의 어휘를 보여 주면 압도적인 어휘의 양에 반항심을 보일 수 있습니다. 같은 어휘군끼리 묶어서 개수를 줄여 목록을 제공해야 학생들이 충격을 덜 받습니다. 학생과 함께 읽으며 같은 어휘군으로 묶어도 좋습니다. 예를 들어 '7번 가변, 8번 가변성, 9번 가변적'을 하나로 묶고, '16번 가중, 가중되다, 가중하다'를 하나로 묶습니다. 이렇게 같은 어휘군으로 묶으면 어휘의 수가 몇 백 개로 확 줄어듭니다. 이렇게 줄인 어휘 목록을 제시하면 학생들은 '이 정도면 할 수 있겠다'는 여유와 자신감을 보입니다.

배운 단어를 활용한 '문장 만들기' 연습

꾸준히 학습도구어를 익히게 하고 싶다면 '오늘의 학습도구어'를 뽑아 사전적 의미를 찾도록 합니다. 중학교라면 'EBS 당신의 문해력' 사이트에서 제공하는 학습도구어 목록을 활용합니다. 학습도구어 목록을 나눠 주고, 확실하게 알고 있는 어휘들은 넘어가고, 모르는 어휘에 형광펜으로 표시하도록 합니다. 다 알고 있는 어휘여서 표시할 단어가 없다고 말하는 학생들이 있다면 "제언에 대해 '제언'이라는 단어를 쓰지 않고 설명할 수 있나요?"라고 물어봅니다. 공부할 어휘가 없다고 말하는 학생도 이렇게 질문을 꺼내면 눈을 크게 뜨고 확실하게 알고 있는 단어와 모르는 어휘를 구분하기 시작합니다. 모르는 단어를 쓸 때는 추론 후 사전의 뜻과 비교하도록 합니다. 그렇게 명확한 뜻을 알고 난 후 해당 어휘가 포함된 짧은 문장 만들기를 실시합니다. 만약, 이 과정을 한 번에 다 하기 힘들어하는 학생이 있다면, 추론과 사전 찾기만 계속하다가 문장 만들기를 해도 됩니다. 이 과정에서 한 어휘를 세 번 공부하게 됩니다. 어휘는 반복밖에는 답이 없습니다.

학습도구어의 사전적 의미를 찾아 쓰고, 학습도구어를 활용한 문장 쓰기

단어	추론	사전적 의미	문장 만들기
의의	말이나 글의 뜻	어떤 사실이나 행위 따위가 갖는 중요성이나 가치	4.27 판문점 선언문의 의의는 종전 및 비핵화에 있다.
제언	안건	의견이나 생각을 내놓음	우리 반 친구들의 학생 자치에 대한 비판적 제언을 회장 선거 공약에 반영할 것이다.

책을 읽고 문장의 빈칸에 적절한 단어 넣기

교과서나 책을 읽고, 텍스트에 실린 학습도구어를 정리하는 활동도 추천합니다. 나이와 학년을 막론하고 가장 자연스럽게 어휘력을 향상할 수 있는 방법입니다. 문장과 맥락에 맞춰 단어의 뜻을 이해할 수 있고 오래 기억할 수 있습니다. 실제 생활에서 단어를 정확하게 활용하는 수준까지 나아가려면 문장 쓰기 연습을 통해 확실하게 자기 것으로 만드는 과정을 밟아야 합니다.[12)]

다음은 이혜인 작가의 그림책 『달팽이 달리기』를 활용하여 학습도구어를 익히는 활동입니다. 책 속 내용에 맞게 학습도구어를 쓰도록 하면 책에서 본 단어이기 때문에 앞뒤 맥락을 통해 모르는 단어의 뜻을 추측하는 훈련을 하게 됩니다. 학생들은 두루뭉술하게 알고 있었던 단어들을 파악할 수 있어 좋아합니다. 이미 아는 단어라면 그 단어의 다양한 용법과 뉘앙스를 체감하게 됩니다.

(어휘 냠냠! 표현 쑥쑥!) 책 속의 학습도구어를 정리해 봅시다.

학습도구어	의미	책 속 내용에 맞게 쓰기
ㄱㅈ	같은 목적에 대하여 이기거나 앞서려고 서로 겨룸.	가을날 달심, 달똑, 달풍, 달통 네 마리의 달팽이들이 온 힘을 다해 달리며 (**경쟁**)을 벌이고 있다.
ㅎㄷ	둘 이상의 조직이나 개인이 모여 행동이나 일을 함께함.	경기 중 돌에 걸려 넘어진 달심이를 달똑, 달통, 달풍이가 (**합동**)하며 일으켜 세워 주었다.
ㄷㄷ	목적한 곳이나 수준에 다다름.	네 마리의 달팽이는 느릿느릿 끝까지 함께 달려 결승점에 (**도달**)했다.

❸ 어휘 공부를 지겨워해요

- 교과 어휘 게임하기

과학 시간에 '광합성'에 대해 배우는 학생들에게 '포도당을 연결하여 설탕과 녹말의 분자를 그림으로 나타내시오'라는 문제가 주어졌습니다. 문제를 읽던 학생들은 '포도당', '녹말'에 대한 설명을 몰라 고개를 갸웃거렸고, 이내 지루한 듯 집중력이 흐트러지는 모습을 보였습니다. '학생이 그냥 포기해 버리면 어떡하지?' 하는 걱정이 들었습니다. 어휘를 몰라 수업을 포기하는 학생들이 없도록 새로운 시도를 하고 싶다면 교과 어휘 프로젝트, 게임을 할 수 있습니다. 잔뜩 힘을 주지 않고, 부담감을 내려놓은 상태로 차근차근 가르쳐 주자는 마음으로 시작하면 됩니다.

학기 말 학습도구어 게임

제언, 준거, 귀결, 대별 등 학습도구어를 몰라 수행평가, 지필고사의 문제를 제대로 풀지 못하는 학생들이 있다면 학기말 학습도구어 프로젝트를 진행할 수 있습니다. 기말고사가 끝나고 방학식 때까지 어수선한 분위기일 때 2차시로 진행합니다.

먼저 학습도구어 목록을 모둠별로 배부하고, 모르는 단

어를 3개씩 고르게 합니다. 단어의 개수는 학습자의 수준, 차시에 따라 조정할 수 있습니다. 각자 어휘 뜻을 찾아 쓰고, 문장을 만듭니다. 어휘 뜻까지 다 찾았다면 모둠원들끼리 순차적으로 돌아가며 자신이 공부한 학습도구어와 그 뜻을 말합니다. 학습도구어는 교사가 배부한 접착식 메모지 또는 카드에 한 단어씩 씁니다. 4인 1조라면 1인당 3장씩, 총 12장의 단어 카드가 만들어집니다.

학습도구어 게임을 본격적으로 시작하기 전에 '5초 준다' 보드게임으로 뇌 풀기 시간을 5분 정도 줍니다. 이 보드게임은 '5초 타이머'와 단어 카드 300장으로 구성되어 있는데, 교과와 연관된 일부 카드만 활용할 수도 있습니다. 예를 들어 체육 시간에 어휘 게임을 한다면 '동계 올림픽 종목' 카드를 뽑았을 때 '컬링'을 5초 안에 말하고, 지리 시간에 '중남미에 있는 나라' 카드를 뽑았다면 '페루'라고 외치면 됩니다. '5초 준다' 보드게임이 없을 때는 이 과정을 생략해도 됩니다.

뇌 풀기 활동이 끝나면 학생들은 돌아가며 단어 카드를 한 장씩 뽑아 뜻을 말합니다. '개편하다'를 뽑았다면 '개편'이라는 단어를 빼고 뜻을 설명합니다. 마지막으로 접착식 메모지에 게임에서 말하기 어려웠거나 설명하지 못했던 단어의 뜻을 찾아 쓰고, 이것을 '우리 반 학습도구어 게시판'

에 붙입니다.

2차시로 운영이 가능하다면 1차시에 학습한 학습도구어 단어와 뜻을 활용하여 퀴즈를 냅니다. 예를 들어 '결단', '결론', '결과'의 차이를 구분하다 보면 스스로 알고 있다고 생각한 단어인데도 생각보다 많이 틀리고, 어렵다는 것을 스스로 깨닫게 됩니다.

이렇게 학기 말 1~2차시의 교과별 어휘 프로젝트를 하고 나면 학생들은 한자는 몰라도 아는 단어를 조합해서 유추하는 능력이 향상됩니다. 학생들이 어휘를 잊지 않도록 질문 폭격기가 되어 질문을 수시로 꺼내며 물어보는 것도 좋습니다. "가결과 부결의 뜻이 뭐지?", "제언은 무슨 뜻이야?" 이렇게 새로운 단어를 자주 접하게 하면, 처음엔 어려워했던 말도 익숙하게 느끼기 시작합니다.

단원별 낱말 빙고 게임

단원별로 진도를 다 나가면 학생들에게 '어휘 정리 목록'을 나눠 줍니다. "국어 교과서 3단원 '자신의 경험을 글로 써요.' 낱말 풀이 학습지입니다. 낱말 뜻을 써 두었으니 초성을 보고 96쪽부터 119쪽의 낱말을 찾아 쓰세요."

단원 낱말 풀이

연번	뜻	쪽수	초성	찾은 낱말
1	별의 위치를 정하기 위해 밝은 별을 중심으로 하늘을 몇 부분으로 나눈 것	114	ㅂㅈㄹ	별자리
(중략)				
30	어떤 단체의 새로운 소식을 알리는 글	114	ㅅㅅㅈ	소식지

낱말을 다 찾았다면 4×4 또는 3×3 빙고 용지를 배부하고, 빙고 칸을 채우도록 합니다. 교사는 낱말을 순차적으로 불러 줍니다. 학생은 교사가 말하는 낱말을 찾아 빙고를 완성합니다. 빙고 게임이 끝나면 몰랐던 단어를 문장으로 만들어 봅니다. '소식지'란 단어를 몰랐다면 "매달 새로운 도서관 소식지를 우리 학교에서는 받아볼 수 있다."처럼 문장을 만듭니다. 이외에도 O/X 퀴즈, 빈칸에 적절한 단어 스티커 붙이기, 스피드 퀴즈 형식으로 단어의 뜻을 설명하고 맞히기 등 다양한 게임을 진행할 수 있습니다.

문해력 카드를 활용한 어휘력 게임

학토재에서 만든 '7키워드 무지개 독서 문해력 카드'를 활용하여 어휘력 게임을 할 수 있습니다. 이 문해력 카드는 낭독, 설명, 사실질문, 해석질문, 메시지, 사전필사, 문장쓰기 7개의 키워드로 구성되어 있습니다. 이 카드를 전부 활용해서 수업을 해도 좋고, 부분적으로 활용해도 좋습니다. 주어진 시간이 많지 않다면 '사전 필사' 부분을 활용하여 어휘력 게임을 진행합니다. 교구를 마련하기 어려운 환경이라면 아래 미션을 참고하여 어휘력 게임을 실시할 수 있습니다.

어휘력 게임 미션

◇ **낱말 뜻:** 이 책에서 뜻이 어려운 낱말을 찾아 밑줄을 긋고, 사전에서 뜻을 찾아 쓰시오.

◇ **반의어:** '차갑다≠뜨겁다'처럼 반대되는 뜻을 가진 낱말을 찾아 밑줄을 긋고, 사전에서 그 낱말의 반의어를 찾아 정확한 뜻을 쓰시오.

◇ **다의어:** 두 가지 이상의 뜻을 가진 낱말을 찾아 밑줄을 긋고 사전에서 그 낱말의 다의어를 찾은 후 단어장 앞면에 낱말을 뒷면에 그 낱말의 뜻을 사전에 나온 종류대로 쓰시오.

◇ **의성어·의태어:** 이 책에서 소리나 모양을 흉내 내는 말을 찾아 밑줄을 긋고 흉내 내본 후 사전에서 뜻을 찾아 단어장 앞면에 낱말을, 뒷면에 무엇을 흉내 내는 말인지 뜻을 쓰시오.

◇ **상·하의어:** '동물↔말·소·양·돼지'처럼 상하관계를 찾을 수 있는 낱말을 찾아 쓰시오.

◇ **유의어:** '아버지=아빠'처럼 비슷한 뜻을 가진 낱말을 찾아 밑줄을 긋고, 사전에서 그 낱말의 유의어를 찾은 후 쓰시오.

가장 먼저, 책을 읽고 모둠별로 돌아가며 카드를 1장씩 뽑습니다. 카드에서 제시하는 내용에 따라 활동을 합니다. 책 내용 중에서 읽기 어려운 낱말 또는 반의어, 유의어, 다의어, 상·하의어 등을 갖고 있는 낱말, 뜻이 어려운 낱말 등에 밑줄을 긋고 사전을 찾아 뜻을 적는 것입니다. 도덕 시간 '정보 통신 윤리' 단원 수업에서 『그랬구나!』라는 그림책을 읽어 주고 어휘력 카드를 뽑아 미션을 수행하도록 했습니다. '낱말 뜻' 카드를 뽑은 학생은 '구박하다'라는 단어를 뽑고 뜻을 찾아 기록했습니다. '의성어·의태어' 카드를 뽑은 학생은 '노발대발'이란 단어를 뽑고 사전에서 뜻을 찾아 썼습니다. 여기서 활동을 마쳐도 되지만, 이어서 '노발대발'이란 단어를 활용하여 한 문장으로 쓰는 활동도 했습니다. 한 문장 쓰기를 하면 학생이 그 단어의 뜻을 정확히 파악하고 있는지 알 수 있기 때문입니다.

❹ 교과 핵심어를 기억하지 못해요

- 나만의 정의 내리기

교과 성취 기준과 관련된 중요한 개념어를 학생들이 두껍게 공부할 수 있도록 가르치고 싶을 때가 있습니다. 단어에 학생 고유의 색깔을 입히고, 뜻을 가꿀 수 있도록 돕고 싶다면 '나만의 정의 내리기'를 하는 게 좋습니다. '나만의 정의 내리기'란 단어의 정의를 잘 보여 주는 책, 사진, 그림, 영화, 노래 등을 감상하고, 단어를 새롭게 정의하는 방법입니다. 이렇게 하면 교과 핵심어를 오래 기억할 수 있고, 자기 단어로 만들 수 있습니다.

'나만의 정의 내리기'의 의미 설명하기

교과 핵심어에 대해 나만의 정의를 내려 보는 수업은 활동의 의미에 대해 설명하는 것으로 시작합니다. 동기 부여를 위해 메마른 단어에 색깔을 입혀 만든 『우리말 백 마디 멋대로 사전』, 『여름어 사전』, 『이적의 단어들』, 『단어의 집』, 『이상한 나라의 그림 사전』 을 활용할 수 있습니다. 농부 철학자 윤구병의 『우리말 백 마디 멋대로 사전』에서는 '땅'에 대해 표준국어대사전과 다르게 '사고 팔 물건이 아니며 살아 있는 동안만 쓰라고 주어진 것'이라고 정의합니다. 건조하고 딱딱한 설명을 벗어나 저자의 철학, 가치관, 사회를 바라보는 눈을 그대로 드러냅니다.

고등학교 1학년 학생들이 쓴 『급식체 사전』을 활용하는 것도 추천합니다. 또래 친구들이 작성한 사전을 읽으면, 낱말과 글자의 뜻은 공부를 많이 한 사람이 정하는 것이라는 선입견에서 벗어날 수 있습니다. 누구나 낱말과 글자의 뜻을 가꾸고 다듬을 수 있다는 믿음을 갖게 됩니다.

뜻풀이하고 싶은 단어 뽑기

국어 시간에 난민을 주제로 한 수업에서 〈터미널〉 영화 사전 만들기를 한다면[13], 먼저 난민 도서를 읽습니다. 독서를 마치면 영화를 감상하며, 난민들의 어려움을 이해합니다. 정치적 쿠데타로 인해 공항에 머물게 된 난민의 삶을 들여다본 후 정의를 내리고 싶은 단어를 뽑습니다. 1인당 두 단어씩 칠판에 적습니다.

뜻풀이하고 싶은 단어를 2개씩 칠판에 쓰기

ㄱ/ㄲ	ㄴ	ㄷ/ㄸ	ㄹ	ㅁ	ㅂ/ㅃ	ㅅ/ㅆ
공항 게이트	난민 뉴욕	도장 동전	라운지 러시아	무국적자 미국	비행기 비자	CCTV 사인
ㅇ	**ㅈ/ㅉ**	**ㅊ**	**ㅋ**	**ㅌ**	**ㅍ**	**ㅎ**
유언 운명	재즈 전쟁	체류 체포	쿠데타	통역	평화 폐쇄	행복 해방

나만의 정의 내리기

자신이 뽑은 단어에 대해 국어사전을 활용하여 뜻을 찾아 씁니다. 그리고 영화 감상 내용, 자신의 생각, 철학을 담아 단어의 정의를 새롭게 씁니다. 교사는 학생들에게 자신의 색깔과 감상을 입혀 나만의 정의를 내리는 것이 중요하다고 강조합니다. 이렇게 각자 2개씩 작성한 '나만의 정의'를 학급별로 모아 〈터미널〉 영화 사전을 완성합니다.

키워드	유언
국어 사전 정의	죽음에 이르러 말을 남김. 또는 그 말
나만의 정의 (영화와 관련 짓기)	한 사람의 인생 목표를 결정지을 수도 있는 마지막 말 (빅터의 목표를 정해준 빅터 아버지의 마지막 말씀)
해석(감상)	솔직히 터미널에서 유언이 모든 사건의 시발점이기도 하지만 내 생각엔 빅터를 옭아매는 족쇄 같다는 생각이 들었다. 왜냐하면 빅터 아버지의 마지막 바람이 그의 생전에 이루어지지 않은 것은 지금까지 비공식적인 유언이 되어 빅터를 이끌었기 때문이다. 하지만 다른 사람들에게 있어서는 새로운 사람을 만나고 상처를 치유하는 긍정적인 경우로 작용했던 것 같다.

어린 학습자 대상으로도 교과 핵심 개념, 주제에 대해 나만의 정의를 내리는 수업을 할 수 있습니다. 권정민 작가의 그림책 『이상한 나라의 그림 사전』을 읽어 주고, '동물원'에 대한 사전적 정의와 그림책에 담긴 정의를 비교하도록 합니다. 교과 핵심어에 대해 작가처럼 나만의 정의를 내리

고 그림으로 표현할 기회를 주면, 학생들은 학습 개념어에 대해 저마다 떠오르는 생각을 가지고 상상을 펼쳐 '멋대로 정의'를 내리고 그림으로 표현합니다.

각자의 인생 책을 읽고, 나만의 인생 사전을 만드는 활동을 한다면, 인생에 대해 나만의 정의를 내릴 수 있습니다.

◇ 인생은 (**고무줄**)이다. 언제 끝날지 모르고 그만큼 짧거나 길기 때문이다.

◇ 인생은 (**탐구**)이다. 왜냐하면 끝없이 탐구하고 생각하며 살아야 하기 때문이다.

◇ 인생이란 (**빗속에서도 춤추는 법을 배우는 것**)이다. 왜냐하면 우리는 살면서 하고 싶은 것보다 하기 싫은 것들을 더 많이 경험하기 때문이다.

이처럼 교과별로 상상력을 보태 가며 '멋대로 사전'을 다양하게 만드는 시도는 성장기에 있는 학생들이 나답게 살아가는 길을 찾는 데 도움을 줄 수 있습니다. 방학이 끝난 교실의 첫 수업으로 『여름어 사전』의 일부를 함께 읽고, 각자의 여름어를 채집해서 방학 일상을 공유하는 짧은 글을 쓰고 낭독하는 간단한 수업부터 교과 수행평가까지 다양하게 실천할 수 있습니다. '자신만의 이야기를 꺼내는 법을 배우게 하려면 어떻게 해야 할까?', '학생들이 자아실현을 향해 나아갈 수 있는 방법은 무엇일까?' 이러한 질문들에 대한 답을 찾고 있었다면 적용해 보시길 바랍니다.

4

읽기의 기본을 다지는 문해력 수업

4장 활동지 모음

문해력은 선천적인 것이 아니라 후천적으로 길러지고 다져지는 것입니다. 따라서 잘 읽으려면 목적 달성을 위해 다양한 전략을 상황에 맞게 사용해야 합니다. 교사 또한 읽기에서 뭘 가르치고 싶은가를 생각해야 합니다. 만약 꾸준하게 완독하는 것을 가르친다면 계속 독서일지를 써서 평가해야 합니다. 또는 중요한 문장에 밑줄 친 것을 모아서 제출하게 할 수 있습니다. 비판적 독자로 키우고 싶다면 사실과 의견을 구분하여 읽고, 쓰게 합니다. 혹은 읽을 때마다 비판적인 질문을 만들고 왜 중요한지 3줄로 적도록 하여 평가할 수 있습니다. 협력적 읽기를 원하는 것인지, 꾸준하게 완독하는 것을 가르칠 것인지, 비판적 독자로 키우고 싶은 것인지에 따라 읽기, 평가 방법은 달라집니다.

❶ 읽기도 전에 한숨을 쉬며 거부해요

- 미리 보고 예측하기

수업 시간에 교과 독서를 한다고 예고하면, 책을 준비하는 것이 아니라 한숨을 푹 내쉬며 저항하는 학생들이 있습니다. 수행평가 시즌마다 쏟아지는 과목별 독후감 쓰기 과제가 부담스럽다며 시작부터 포기하는 학생들이 반마다 20%가량 됩니다. 읽기 과제를 성공적으로 해봤던 경험이 없는 학생, 읽기에 의욕이 없는 학생, 읽기를 힘들어하는 학생은 책 읽기 시간을 주는 것으로는 부족합니다. 간헐적 독자, 비독자 학생도 책을 읽게 만들기 위해서는 읽기 전 활동에 공을 들여야 합니다. 운동 전 워밍업을 하는 것처럼 읽기 전에도 워밍업이 필요합니다. 미리보기, 예측하기, 이야기와 비슷한 분위기의 음악 들려주기, 호기심 상자 등 읽기 전 활동을 하면 학생들은 책에 흥미를 느끼고 내용을 더 깊이 이해할 수 있습니다.

미리보기로 친해지기

'미리보기' 활동은 책의 곁텍스트(paratext)를 읽어 보는 것입니다. 먼저 책 제목, 책날개, 책 표지, 책 속 삽화, 책 띠지를 살펴보면서 책의 첫인상을 판단합니다. 책과 친해져야 책이 마음에 드는지 안 드는지 판단할 수 있습니다. 증거를 수집하는 탐정의 마음으로 곁텍스트를 살핀다면 책 속 단서들을 찾을 수 있습니다. 교사는 실물 도서의 곁텍스트가 무엇인지 하나씩 짚어 줍니다. 그리고 곁텍스트를 읽을 때 어떤 부분에 중점을 두어야 하는지 설명합니다. 그래야 학생들이 잘 따라 할 수 있습니다.

◇ 앞표지, 뒤표지 속 시간, 장소, 인물을 살펴보세요.
◇ 책날개 속 저자 소개 글을 읽어 보세요.
◇ 제목을 보고 어떤 내용이 펼쳐질지 상상해 보세요.
◇ 목차를 살펴보고 마음에 드는 소제목을 고르고 이유를 말하세요.
◇ 서문을 읽고 저자가 책을 쓴 목적과 범위에 대해 생각하세요.
◇ 참고문헌을 살펴보며 책의 본문과 어떤 연관이 있을지 예상해 보세요. 만약 참고문헌이 없다면 본문에서 출처로 밝히고 있는 부분을 살펴보세요.
◇ 책 속 그림, 지도, 사진을 훑어보고 이야기 또는 인물에 대해 예측하세요.

미리보기 활동을 할 때 엉뚱한 답을 말하거나 쓰는 학생이 있습니다. 이런 경우 책을 읽어 가며 수정할 수 있으므로 다양한 의견을 수용합니다. 본문 읽기에 앞서 힘을 빼지 않는 선에서 변형시켜 운영하는 것이 좋습니다.

핵심어로 내용 예측하기

'예측하기'는 교사가 미리 책을 살펴보고, 책 속 핵심어를 학생들에게 알려준 후 이야기를 예상하게 하는 활동입니다. 『쓰레기 산에서 춤을!』을 읽기 전이라면 '지구', '재활용', '쓰레기', '환경운동', '자원순환', '실천', '환경파괴'와 같이 핵심어를 제시합니다. 학생들은 교사가 제시한 핵심어를 찾고 그 단어들이 어떻게 활용됐는지 파악하는 과정에서 주의를 기울이며 책을 읽습니다. 그리고 핵심어를 연결하여 이야기를 꾸밉니다.

재활용되지 못한 **쓰레기**들이 **지구 환경을 파괴**하고 있다는 문제를 지적하며, 지속 가능한 **환경운동**의 방법으로 **자원순환**의 효과적인 방법을 제시할 것이다.

이야기를 예측하여 쓰는 것으로 활동을 마칠 수 있지만, 텍스트를 다 읽은 후에 파악한 글의 내용과 사전에 예측했던 내용을 서로 비교하는 활동도 가능합니다. 이렇게 하면 학습 내용을 강화할 수 있고 자신의 생각을 반성적으로 되돌아볼 수 있습니다. 이 활동을 계획하고 진행할 때 책 내용과 수준에 따라 핵심어 수를 적절히 조절할 필요가 있습니다. 어린 학습자의 경우 이야기를 꾸밀 때 글쓰기 대신 말로 표현하게 할 수도 있습니다. 이야기 작성을 어려워하는 학생에게는 정답·오답은 중요하지 않으며, 텍스트를 읽은 후 일치·불일치를 확인하는 것일 뿐이라는 점을 알려 줍니다.

음악으로 관심 자극하기

책은 볼 수 있을 뿐 아니라 책의 무게와 종이를 손가락으로 넘기며 촉감을 느낄 수 있고, 책장을 후루룩 넘기면서 냄새를 맡을 수도 있습니다. 음악을 사용하면 여기에 청각을 추가하여 책에 대한 관심을 자극할 수 있습니다. 다양한 음악이 등장하는 게 특징인 무라카미 하루키의 소설을 다룬다면 읽기 전에 음악을 들려주며 책과 친해지도록 만들 수 있습니다. 『1Q84』 소설은 꽉 막힌 도로에 갇힌 택시의 라디오에서 야나체크의 〈신포니에타〉가 흘러나오며 모험이 시작되는데, 책을 읽기 전에 이 음악을 함께 감상해 보는 것입니다. 『눈물바다』 그림책을 읽는다면 〈울면 안 돼〉 노래의 앞부분만 함께 불러보고 "이 노래의 노랫말에 대해 생각해 본 적 있나요?", "누가 왜 이런 노래를 만들었을까요?", "눈물이나 슬픔에 대한 노래를 알고 있나요?"와 같이 질문하며 '눈물'에 대한 생각을 나눕니다.[14]

호기심 상자로 기대감 키우기

호기심 상자 활동으로 책에 대한 호기심을 유발할 수 있습니다. '호기심 상자'란 책 속 이야기에서 중요한 역할을 하는 물건 3개를 직접 가지고 와서 보여 주는 활동입니다.[15] 교사가 상자에서 물건을 하나씩 꺼내 보여 줄 때마다 학생들은 책이 어떤 내용을 담고 있을지 추측합니다.

그림책 『사라진 저녁』을 읽어 주기 전에 돼지 피규어, 우레탄 망치, 배달 용기를 준비해서 상자에 담았습니다. "여러분, 이 상자에는 앞으로 읽을 책에서 중요한 의미를 갖는 3개의 사물이 들어있어요. 사물을 하나씩 꺼낼 때마다 내용을 예측해 보세요. 첫 번째는 돼지입니다.", "돼지의 인생을 알려줘요.", "돼지의 먹성에 대해 설명해요.", "두 번째는 우레탄 망치입니다.", "돼지가 망치로 울타리를 부수고, 탈출해요." 이렇게 모둠별로 예측하며, 이야기를 짓도록 하면 시큰둥한 표정으로 앉아 있던 학생들도 상상력을 동원하여 자기 생각을 적극적으로 표현합니다.

호기심 상자 활동을 읽기 전 단계에서 끝낼 수도 있지만, 읽기 중 활동으로 이어갈 수도 있습니다. 이야기를 읽는 동안 3개의 사물이 이야기 속에서 어떤 의미를 갖는지 찾아보며 자신의 예측이 적절했는지 평가하도록 하면 학생들은 읽기에 더욱 집중합니다. "태어나서 처음으로 읽게 될 책 내용이 궁금했어요.", "아이들이 지어내는 이야기가 어이없는데 웃겨서 이야기에 관심이 생겼어요." 이러한 말소리가 교실에서 흘러나올 수 있도록 미리 보고 예측하는 전략을 하나씩 꺼내 보는 것은 어떨까요?

도서명 : 사라진 저녁	작가 : 권정민	출판사 : 창비
실물1: 돼지 나의 예상1: 다이어트 책 모둠 예상1: 돼지 키우는 법		
실물2: 우레탄 망치 나의 예상1: 돼지 주물럭 요리를 위해 망치로 간편 손질하는 법 모둠 예상2: 돼지를 망치로 도살하는 방법		
실물3: 배달 용기 나의 예상1: 돼지는 자신이 들어가야 했던 배달 용기를 망치로 부순다. 모둠 예상2: 돼지를 망치로 쳐서 제육볶음으로 만들고, 배달 용기에 담는다.		

② 낯선 주제의 글 읽기를 힘들어해요

– 배경지식 확장하기

학생들은 전혀 알지 못하는 화제, 낯선 분야의 글을 매 수업 시간마다 읽습니다. 생명과학 시간에는 '유전자 가위 기술'에 대한 책을 읽고, 과학 쟁점 토론을 합니다. 경제 시간에는 소셜벤처와 사회적 기업의 차이점에 대한 글을 읽고, '청소년 소셜 벤처 제안서'를 작성합니다. 생소한 주제로 읽고 쓰기 활동을 할 때 반짝거리는 눈으로 참여하는 학생도 있지만, 멍하니 앉아 어떻게 해야 할지 몰라 전전긍긍하는 학생도 많습니다. 어떤 대상이나 개념을 비판적으로 이해하고 표현하려면 주제와 글의 형식에 대한 배경지식이 필요합니다. 학생들에게 배경지식을 연결하며, 배경지식을 새로 만들 수 있는 시간과 기회를 주어야 합니다.

5분 안에 배경지식을 확장하는 '브레인스토밍'

책 또는 학습 주제와 관련하여 학생들의 배경지식이 충분하지 않다면, 자신이 알고 있는 것을 최대한 떠올려 보는 브레인스토밍(Brainstorming)을 활용할 수 있습니다. 브레인스토밍은 폭풍을 일으키는 것처럼 머리를 써서 자신이 알고 있는 지식을 일깨우는 것입니다. 한옥에 대한 정보 그림책을 읽는다면 "한옥에 대해 알고 있는 것이 있나요?(지식)", "한옥에 가봤던 경험이 있나요?(직접경험)" 또는 "TV나 영화에서 봤던 한옥에 대해 떠오르는 것이 있나요?(간접경험)"처럼 질문합니다. 생명과학 시간에 김초엽 작가의 『우리가 빛의 속도로 갈 수 없다면』에 수록된 단편 「순례자들은 왜 돌아오지 않는가」를 읽는다면 "유전자 가위 기술에 대해 알고 있는 것을 말해 볼까요?"라고 질문하고, 배경지식을 떠올릴 시간과 기회를 줍니다. 절차가 간단하며, 3~5분의 시간으로 진행할 수 있어서 부담 없이 시도해 볼 수 있습니다.

첫 문장부터 이해하지 못한다면 '검색하기'

전혀 알지 못하는 화제를 다루거나 낯선 분야의 주제를 다루어 글의 제목이나 첫 문장부터 이해하기 어렵다면 가장 손쉬운 해결책은 '검색'입니다.[16] 배경지식이 없어 글을 이해하기 어렵다면 휴대전화나 컴퓨터를 켜서 검색창을 띄우도록 합니다. 키르기스스탄 동화인 『으슥콜의 전설』을 읽을 때, '키르기스스탄'이란 나라에 대한 정보가 전혀 없다면 검색창에 '으슥콜', '키르기스스탄'을 입력하고 자료를 몇 개 훑어보도록 하면 쉽게 글을 이해합니다. 사진과 같은 이미지 자료만 훑어보아도 글 읽기에 필요한 배경지식은 어느 정도 채워집니다.

온라인 백과사전에 실린 짧은 글을 활용하여 필요한 지식을 보충하는 방법도 있습니다. 네이버 지식백과(terms.naver.com) 또는 Daum 백과(100.daum.net)에 접속하여 검색을 통해 알고 싶은 주제 개념과 정의에 대해 훑어보면 글을 빠르고 쉽게, 추론하면서 읽어낼 수 있습니다.

동영상으로 배경지식과 공감의 상상력 키우기

교사가 볼 때 정말 중요한 주제인데, 학생들이 유독 시큰둥한 반응을 보이는 경우가 있습니다. 예를 들어 '세계 분쟁', '난민'과 같은 주제를 다루면 "멀고 먼 다른 나라에서 벌어지는 나와 상관없는 일 아닌가요?", "국내 노숙자부터 챙겨야지, 왜 외국인을 챙겨야 하나요?"처럼 납작한 질문들이 쏟아집니다. 학생들이 학습 주제에 관심도 보이지 않고, 마음을 비워 버리면 문해력 수업을 제대로 할 수가 없습니다. 지필고사와 수행평가도 통하지 않는 학생들에게 학습 주제의 중요성, 기초적인 배경지식, 공감의 상상력을 채워 주고 싶을 때 가장 먼저 활용하는 매체가 동영상입니다. 쇼츠, 뮤직비디오, 광고 등 짧은 호흡의 영상부터 영화, 다큐, 만화처럼 긴 호흡의 영상까지 다양하게 활용할 수 있습니다.

난민을 주제로 공부한다면, 난민 텍스트를 읽는 것으로 그치지 않고 내전을 피해 더 나은 삶을 꿈꾸며 바다를 건너는 보트피플의 모습을 동영상으로 보거나, 쿠데타로 하루아침에 무국적자가 된 사람의 이야기를 다룬 영화 〈터미널〉을 본 학생이 더 큰 공감을 키워 갈 수 있습니다. 영상을 통해 다른 사람들에 관한 더 깊은 지식을 쌓고 그들의 입장이 되어 감정을 이해하게 됩니다. 시큰둥한 반응을 보이던 학생들도 난민은 도울 정부가 없고, 어느 날 갑자기 자기 집에 살지 못해 도망 나오는 사람들임을 알게 되었다고 말합니다.

학생들이 긴 동영상에 집중하지 못할 것으로 예상되면, 교육에 도움이 되는 질문지(빈칸 채우기, 객관식 또는 단답형 질문)를 나누어 줍니다. 동영상 감상의 목적을 분명히 정해 잠깐만 보여 주고, 학생들이 동영상을 보면서 질문지에 답을 쓰게 합니다. 중간중간 동영상을 멈추고 추가로 설명하거나 헷갈리는 부분들을 명확히 알려 주고, 학생들이 의견과 소감을 이야기해도 좋습니다.

영상으로도 지식을 흡수하지 못한다면 관련 텍스트 제공하기

"~에 대해 이미 알고 있는 것은?"으로 질문했는데, 학생들이 '알고 있는 것이 없다'는 표정을 지으면 관련 영상을 보여 줍니다. 그런데 영상을 보여 줘도 학생들이 내용을 스펀지처럼 흡수하는 느낌이 들지 않을 때가 있습니다. 영상으로도 지식을 쌓지 못한다고 판단이 되면 관련 텍스트를 제공합니다.

사회문화적 배경이 인물의 행동을 이해하는 데 중요한 『양반전』을 다룬다면, 읽기 전에 『용선생 만화 한국사 9 - 용선생 돈으로 양반 신분을 사다!』 책의 관련 텍스트를 제공합니다. 조선 후기 신분제 변동과 관련된 부분을 나눠 주고 함께 읽으면 배경지식이 쌓여서 고전소설인 『양반전』의 내용을 더 잘 읽고, 이해할 수 있습니다.

사회 교과라면 통일 관련 도서를 읽기 전에 2018년 4월 27일 1차 남북정상회담에서 발표한 「한반도의 평화와 번영, 통일을 위한 판문점 선언」을 읽기 자료로 제공합니다. 판문점 선언문은 학생들이 살아가고 있는 현재의 인물들이 판문점에서 만나 함께 써 내려간 살아 있는 글이기 때문에 그 어떤 텍스트보다도 학생들에게 울림을 줍니다. 학생들은 '판문점 선언문' 속 약속들이 실제로 지켜졌다면 우리나라에서 어떠한 일들이 벌어졌을지 상상하며 통일 도서를 더 적극적으로 읽게 됩니다.

❸ 읽고도 무슨 내용인지 몰라요

- 질문하며 읽기

지금까지 텍스트와 친해지고, 배경지식과 경험을 꺼내는 읽기 방법에 대해 살펴보았습니다. 그런데 또 다른 고민이 파도처럼 밀려옵니다. 읽기 전 미리 보고, 예측하며, 삶과 텍스트를 연결하는 것만으로 충분할까? 텍스트의 의미를 풀어낼 때 한두 가지의 독해 전략에만 의존하면 난해한 텍스트를 이해하는 데 어려움을 겪지 않을까? 아직도 "읽은 내용에 대해 말해 볼래?" 하고 질문하면 "기억이 안 난다.", "읽어도 무슨 소린지 모르겠다."라고 답하는 학생이 있는데, 어떻게 해야 하지? 머릿속이 복잡했습니다. 끊임없이 떠오르는 물음표를 느낌표로 바꾸고 싶어 여러 문헌을 찾아 읽던 중에 "학생 스스로 질문을 만들어 내는 것이 이해력을 높여준다."[17]라는 글을 읽게 되었습니다. 질문이 읽기의 동력이 된다는 글을 읽으며, '질문하며 읽기'를 가르치기로 결심했습니다. '질문하며 읽기'란 글에 대해 질문을 생성하고 질문에 대한 답을 찾으면서 글을 읽는 방법을 말합니다.

읽기 전, 중, 후로 질문하기

학생들에게 글을 읽으며 떠오르는 질문을 기록하라고 하면 막막해하는 경우가 많습니다. 읽기 전, 중, 후로 나눠 질문하도록 하면 학생의 인지적 부담, 막막함을 덜어 줄 수 있습니다. 질문하여 읽기 전략을 적용하는 순서는 다음과 같습니다.[18]

읽기 전에는 배경지식을 활성화하거나 독서의 목적을 설정하기 위한 질문을 만듭니다. "이 글에 대해 알고 있는 것은 무엇일까?", "이 글을 읽는 까닭은 무엇일까?"와 같은 질문을 합니다. 읽기 중에는 글을 읽으면서 이해되지 않는 내용을 명료화하거나 자신의 읽기 과정을 점검하기 위한 질문을 만듭니다. 예를 들어 "이 내용은 이런 뜻인가? 이렇게 생각해 볼 수도 있겠는데?", "내용을 잘 파악하면서 읽고 있는가?", "이 단어는 어떤 의미를 지니는가?"와 같은 질문을 합니다. 글을 모두 읽고 나면 글의 내용을 요약하거나 글에 대해 평가하기 위한 질문을 만듭니다. "이 글의 핵심 내용은 무엇인가?", "이 글의 관점은 타당한가?", "이 글을 통해 필자가 이루고자 하는 것은 무엇인가?"와 같은 질문을 합니다. "이 작품을 읽고 느낀 점은?"과 같은 질문에만 익숙한 학생들에게는 낯선 개념이겠지만, 이러한 질문들을 통해 텍스트를 더 분석적으로 바라볼 수 있게 됩니다.

물음표를 붙이며 능동적으로 읽기

'물음표를 붙이며 읽기'란 의문이 드는 문장에 물음표를 표시하며 읽는 방법을 말합니다. '무엇을 말하고 있는가?', '왜 그런 말을 하는가?', '그래서 어떻게 하면 될까?'와 같이 궁금증을 적습니다. 다 읽고 나면, 의문이 해소된 질문은 물음표 위에 동그라미 표시를 합니다. 의문이 드는 문장에 물음표를 붙이며 읽는 방법이 익숙해지면 다른 부호를 추가하며 읽을 수 있습니다.[19] 새롭다면 더하기(+) 표시를 넣고, 생각했던 것과 어긋난다면 빼기(-) 표시를 넣습니다. 동감하면 느낌표(!)를 붙일 수 있습니다. 여러 부호를 동시에 알려 주면 학생들이 소화하기 힘들 수 있습니다. 욕심을 내려놓고 하나씩 가르친 다음 점차 부호를 추가하는 것이 좋습니다.

읽어야 할 텍스트가 도서관의 자료라면 인덱스를 붙이며 읽고, 인덱스 위에 질문을 쓰도록 지도합니다. 부족하면 더 달라고 해도 좋다고 이야기합니다. "텍스트를 읽으며 최소 5개의 질문을 찾아 인덱스에 쓰세요." 인덱스를 활용하여 질문을 남기도록 하면 수동적으로 읽던 학생들도 즐겁게 종이 위에 머무를 수 있습니다.

다양한 유형의 질문을 스스로 만드는 QAR

학생들과 책을 읽고 질문을 만들다 보면 여러 어려움에 직면하게 됩니다. 학생들의 질문이 교사의 마음에 들지 않는 경우, 대화를 나누라고 했는데 대화가 짧은 모둠도 생깁니다. 학생들이 질문 만들기를 어려워할 때, 수많은 질문을 어떤 기준으로 분류해야 할지 고민이 들 때는 QAR 전략을 활용합니다. 먼저 학생들에게 "책 읽고 이야기를 나눌 때 '좋은 질문'이란 무엇인가?" 물어봅니다. '질문에 대해 풍부한 답을 할 수 있는 질문', '읽는 사람마다 다양하고 개성 있는 답변이 나올 수 있는 질문', '독자의 호기심을 유발하고 책의 내용과 관련 있는 것' 등 다양한 답이 나옵니다.

그 다음 '좋은 질문은 어떻게 만들까?'에 대해 QAR 기법에 따른 4가지 질문 유형을 보여 주고, 생각하게 합니다. 류성룡의 『징비록』을 읽었다면 1단계 사실 질문에서는 '징비록의 뜻은 무엇인가?', 2단계 내용 분석 질문에서는 '이각과 김성일의 차이점은 무엇인가?'로 질문을 만들 수 있습니다. 3단계 내용 평가 질문에서는 '김성일처럼 후일을 대비해 거짓말하는 것은 옳은 것인가?', 4단계 삶에 적용하는 질문에서는 '임진왜란의 냉철한 자기반성은 우리에게 무엇을 말해주는가?'와 같은 질문을 만들도록 합니다.

QAR 기법에 따른 4가지 질문 유형[20]

판단수단	질문 유형	내용
책에서	1단계 사실 질문	- 질문에 대한 답은 텍스트에 있다. - 보통 한 문장 내에서 찾는다.
	2단계 내용 분석 질문	- 질문에 대한 답은 텍스트에서 찾는다. - 여기저기에 흩어져 있으니 정보를 연결해서 찾는다.
나에게서	3단계 내용 평가 질문	- 답이 텍스트에 언급되어 있지 않다. - 텍스트를 토대로 자신의 의견을 정립해야 한다.(예: 왜 하필 작가는? ~는 옳은 것인가?)
	4단계 삶에 적용하는 질문	- 작품을 읽지 않아도 자기 생각, 의견으로 답할 수 있다. - 문제 해결을 요구하는 질문(예: 우리 조의 경험을 바탕으로~)

QAR 질문하기 활동을 할 때 같은 질문을 학생마다 서로 다른 질문 유형으로 분류할 수 있습니다. 예를 들면 '조선 최초의 조총은 어떠한 방식으로 등장했는가?'와 같은 질문을 어떤 학생은 사실 질문으로, 어떤 학생은 내용 평가 질문으로 분류합니다. 비슷한 질문이지만 각자 다르게 분류한 이유는 어떤 학생은 그 답을 책에서 찾아야 했고, 배경지식이 있는 학생은 답을 '내 머릿속에서' 찾았다고 느낄 수 있기 때문입니다. QAR 질문하기 활동의 핵심은 책에 흩어져 있는 정보를 분석하거나 자신의 배경지식과 아이디어를 결합해야 질문에 대한 답을 찾을 수 있다는 사실을 학생들이 아는 데 있습니다.

❹ 중요한 내용을 가려내지 못해요

- 요약하기

우리는 영화를 빨리 감기로 보는 시대에 살고 있습니다. 마우스 휠을 몇 번 굴려야 하는 긴 게시물의 제목에는 어김없이 '스압주의(스크롤 압박 주의)'가 보이고, 본문의 끝에는 세 줄 요약이 따라붙습니다. 최단 시간, 최소의 노력으로 필요한 정보를 손에 넣고 싶어 빠르게 훑어 읽는 방식은 이제 일반적인 현상입니다. '스압주의'를 이겨내며 글쓴이의 의도와 글의 맥락을 파악하는 연습은 어떻게 해야 할까요? 책을 읽는 과정 자체가 요약의 과정이라고 하는데, 읽는 과정에서 요약하기를 돕는 방법은 무엇일까요? 요약하기는 어떻게 평가해야 할까요? 요약문 쓰는 것으로 평가하면 충분할까요? 읽는 과정에서 학생이 요약하기를 잘하려면 모르는 단어, 핵심어, 핵심 문장을 찾아 쓰는 디딤돌이 필요합니다. 읽은 내용을 자신의 말로 정리하는 네 가지 요약 방법을 소개합니다.

교과서로 요약 연습하기

요약은 중요한 내용을 가려낼 수 있어야 하므로 쉬운 글부터 시작하는 것이 좋습니다. 각 과목의 교과서에 실린 글은 요약을 연습하기에 최적화된 자료입니다. 교과서에는 학생들이 알아야 할 개념이 정확한 언어로, 명시적으로 제시되어 있어 다른 글보다 중요한 내용을 찾기 쉽습니다.

그런데 한 문장, 한 문단씩 읽어가며 요약해 주는 수업을 하다 보면 학생들이 한 명씩 꿈나라로 떠나기 시작합니다. 요약하기에 집중하지 못할 때는 교과서를 활용한 어휘 게임으로 요약을 연습하면 효과적입니다. 먼저 교과서를 읽고 문단별로 핵심 키워드를 찾도록 합니다. 최대 10개까지 작성하도록 합니다. 예를 들어 한국사 시간에 교과서에 있는 '천주교 박해와 병인양요' 관련 내용을 세 문단 읽었다면, '천주교 박해, 러시아 연해주, 프랑스, 병인박해, 병인양요, 강화도, 문화재 약탈, 외규장각, 의궤'처럼 핵심 단어에 동그라미를 표시합니다. 학습을 마친 후 교사는 '3X3 키워드 빙고'를 나눠 줍니다. 빙고 칸의 개수는 교과 내용에 따라 조정할 수 있습니다. 교사는 핵심어를 순차적으로 불러 줍니다. 학생들은 교사가 말하는 핵심어를 찾아 빙고를 완성합니다. 빙고 게임이 끝나면 학생들은 핵심어를 활용하여 학습한 내용을 1~2문장으로 요약합니다.

이야기의 핵심 요소에 따라 서사 텍스트 요약하기

학생들은 국어 시간뿐만 아니라 여러 교과 시간에 문학

작품의 세계에 들어가 타인의 목소리에 귀를 기울이며 세상을 공부합니다. 사회 시간에는 『보이거나 안 보이거나』를 읽고, '사회정의' 문제를 토론합니다. 가정 시간에는 『가족각본』을 읽고 건강가정 기본법 개정안을 작성합니다. 국어 시간뿐만 아니라 다른 과목에서도 이야기 글을 읽는 경우가 있기 때문에 교과의 맥락 안에서 서사 텍스트를 정확히 이해할 수 있도록 지도할 필요가 있습니다. 이야기의 핵심 요소(인물, 시·공간적 배경, 사건, 주제, 갈등)를 알려 주고 이를 중심으로 요약하게 하면 서사 텍스트를 제대로 감상하고 나눌 수 있습니다. 전기문이나 자서전과 같은 허구가 아닌 사실을 다룬 글에서도 이야기의 핵심 요소를 활용하여 인물에 대해 요약할 수 있습니다.

[예] 그림책 『돼지책』 스토리 그래머

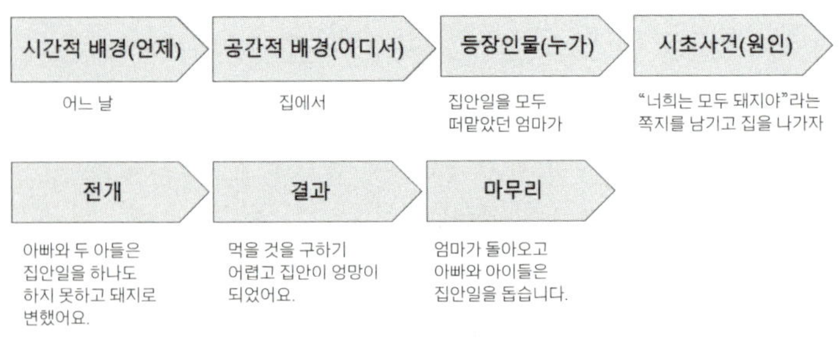

[예] 인물전 『앨런 튜링』 이야기 지도

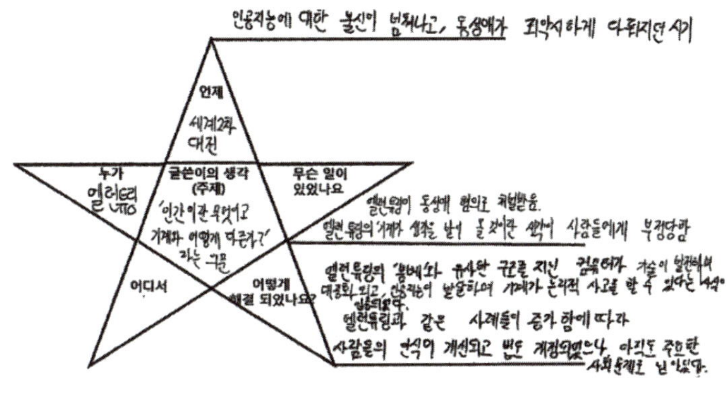

핵심어로 정보 텍스트 요약하기

정보 텍스트를 요약하는 방법 중 만능 틀처럼 활용하면 좋을 전략은 '열 개의 핵심어'입니다. 핵심어란 책에 나오는 가장 중심적인 아이디어를 담고 있는 단어를 말합니다. 정보 텍스트를 읽으며 중요하다고 생각하는 단어 5~10개를 찾아 쪽수와 함께 기록하고, 핵심어를 활용하여 한 두 문장으로 요약하는 간단한 활동입니다.

핵심어 찾기 활동을 모둠 학습으로 진행하면 더 적극적으로 참여합니다. 먼저 학생들은 글을 읽으며 '일회용품, 플라스틱 빨대, 환경부, 규제, 탈플라스틱 사회'처럼 각자 5개씩 핵심어를 뽑고, 포스트잇에 각각 하나씩 기록합니다. 모든 학생이 각자 5개씩 단어를 정하고 나면, 소그룹으로 모여 선택한 단어를 모아 막대그래프를 그립니다. 이 과정에서 단어들을 면밀히 관찰합니다. '어떤 단어가 가장 많이 선택되었는가?', '왜 그 단어가 많은 학생의 선택을 받았을까?', '소수의 학생만이 선택한 특이한 단어로는 어떤 것이 있는가?', '왜 그 학생은 그 단어를 선택했을까?', '이 단어가 의미하는 것은 무엇인가?' 선택된 단어들을 자세히 관찰하며 학생들은 해당 단어가 어떻게 사용되었는지 설명하면서 단어에 대한 감각을 기를 수 있습니다.[21)]

단어와 책에 대한 논의가 끝나면 학생들은 '플라스틱 빨대와 같은 일회용품 사용을 환경부에서 규제하는 정책을 만들어 탈플라스틱 사회를 만드는 방향으로 나아가야 한다.'처럼 한 문장의 요약문을 작성합니다. 핵심어를 이용하여 요약할 때는 최초에 작성한 핵심어를 수정하여 작성할 수 있습니다. 텍스트를 요약하고 자신의 입장을 쓰는 활동을 후속 활동으로 진행하면 텍스트를 어떻게 이해하고 해석하는가도 생각할 수 있게 됩니다.

구조도를 그리며 요약하기

글 전체의 내용을 구조도로 정리하면 글을 한눈에 파악할 수 있습니다. 또한 글에 대한 이해도를 높이고, 자기 글로 만드는 것이 훨씬 쉬워집니다. 구조도를 그리며 요약할 때 사고지도(Thinking Map)을 활용하면 글의 구조를 고려하여 체계적으로 요약할 수 있습니다. 먼저 글을 읽으며, 핵심 단어나 중요한 문장에 밑줄을 긋거나 동그라미 표시를 합니다. 그 다음 핵심 단어를 중심으로 구조도를 그립니다. 구조도는 키워드 중심으로 작성하기 때문에 구조도를 만든 다음 다시 구조도를 풀어 문장을 만들어 보게 합니다. 문장을 다시 쓰면서 학생들은 글의 내용을 잘 이해했는지 스스로 파악할 수 있고, 자신의 언어로 재구성하는 과정을 경험할 수 있습니다.

써클맵

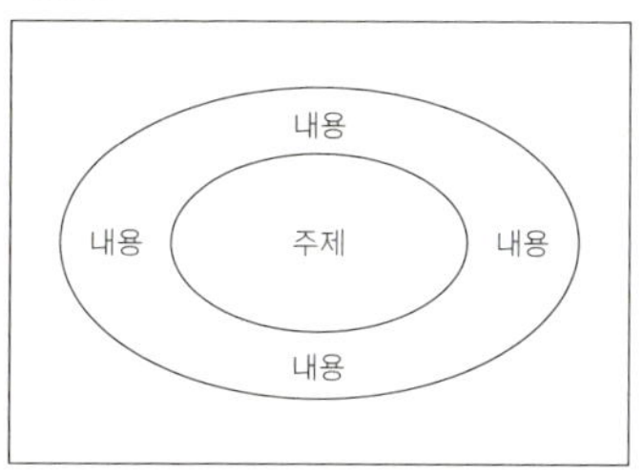

트리맵(분류)

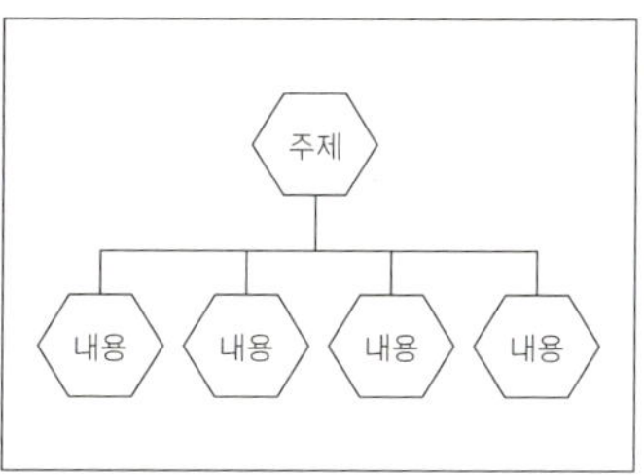

브레이스맵(전체→부분)

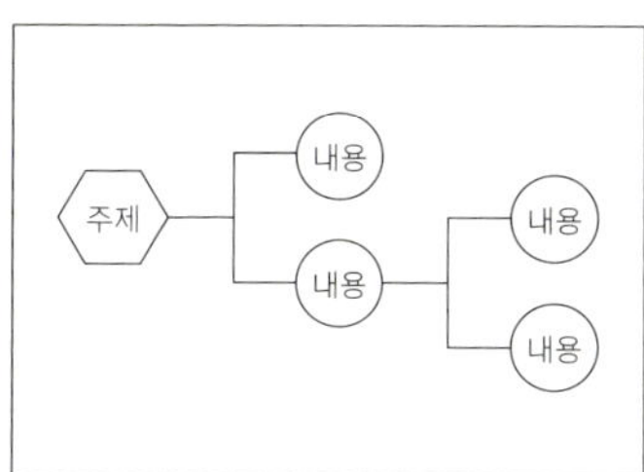

버블맵(속성 열거)

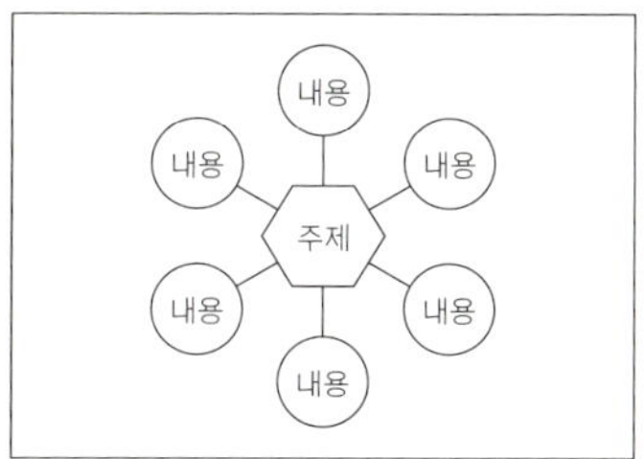

더블버블맵(공통점과 차이점)

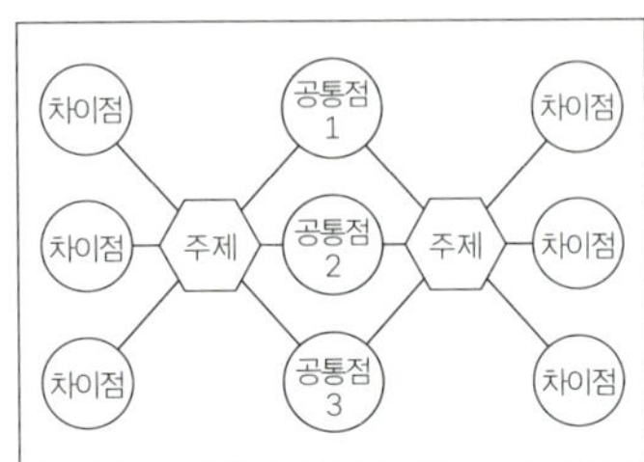

플로우맵(흐름)

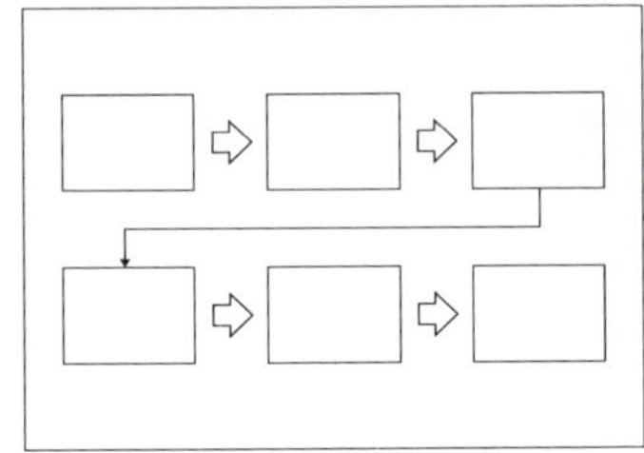

멀티플로우맵(원인, 결과)

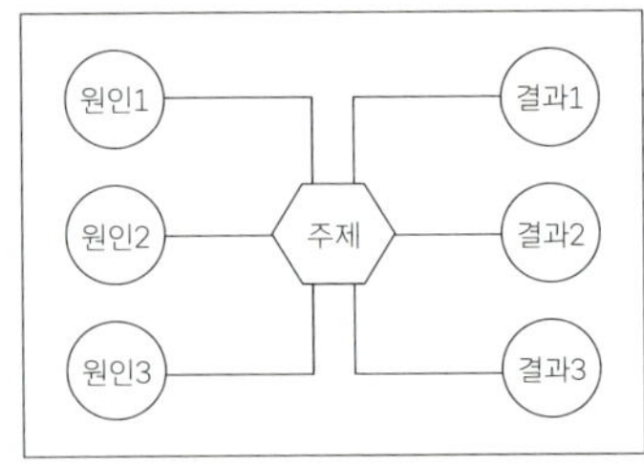

브릿지맵(비슷한 상황 찾기, 유추)

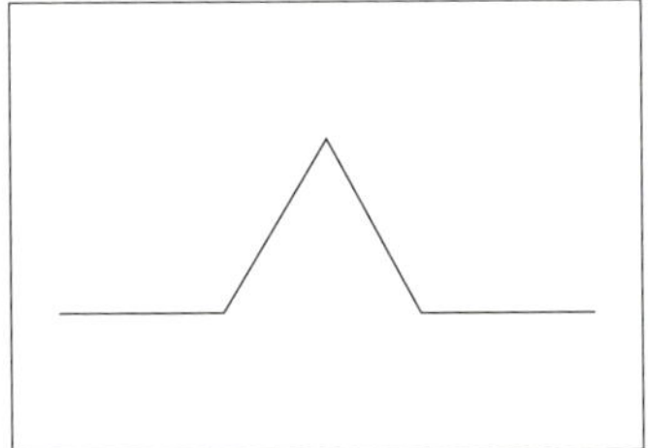

[예] 트리맵으로 분류하여 요약하기

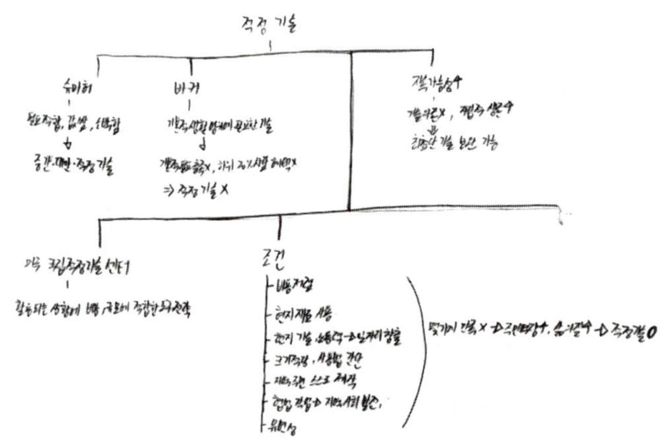

[예] 버블맵으로 속성을 열거하며 요약하기

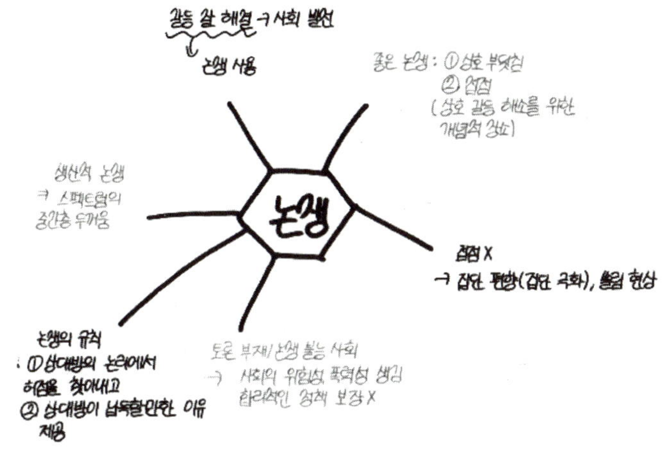

❺ 문해력 편차를 극복할 수 있는 읽기 방법은 없나요

- 상보적 읽기

교실에는 다양한 수준의 문해력을 가진 학생들이 있습니다. 읽기 능력 차이가 있는 학생들을 가르치다 보면 여러 질문들이 떠오르기 시작합니다. 모두를 잘 가르칠 수 있는 방법은 없을까? 다양한 수준의 문해력을 가진 교실에서 효과적인 수업 모형은 무엇일까? 영화를 감상할 때도 집중하기 힘들어하는 학생들이 많은데, 어떠한 읽기 방식이 좋을까?

궁리한 끝에 상보적 읽기를 활용했습니다. 상보적 읽기는 공유된 텍스트 자료를 이해하기 위해 학생들이 역할을 나누어 읽는 것을 말합니다.[22] 모든 발달 수준의 학생에게 적용할 수 있고, 짧은 텍스트부터 학술지까지 다양한 종류의 콘텐츠 읽기에 사용할 수 있습니다. 단, 상보적 읽기 수업은 글을 독해하는 수단이 '대화'이므로 시끄러울 수 있습니다.

상보적 읽기를 위한 역할 나누기

상보적 읽기는 요약하기, 질문하기, 어휘 뜻 명확히 하기, 다음에 일어날 일 예측하기 네 가지 역할로 나눠 일정 분량을 읽는 것으로 시작합니다. '요약하기'를 맡았다면 읽은 내용 중에서 가장 중요한 부분을 찾아냅니다. 그런 다음

요점들 사이의 연관성을 찾으며 배운 내용을 요약합니다. '질문하기'를 맡았다면 글을 읽으면서 생긴 궁금증을 파악하고, 이를 바탕으로 생각을 자극하는 질문을 3개 작성합니다. '명확히 하기'를 맡았다면 글에서 명확하지 않은 세 가지 어휘, 개념, 문장을 찾아내고 이에 관해 질문합니다. '예측하기'를 맡았다면 글을 읽으며 세 가지를 예측하고, 본문의 세부 내용으로 예측한 부분을 뒷받침합니다. 만약, 책상 위로 슬라임처럼 흘러내리는 학생이 있다면 다가가 "오늘은 네가 요약자야. 네가 요약해야 다른 친구도 배울 수 있어."라고 말하며, 구체적인 역할을 줍니다.

역할별로 참고할 수 있는 질문의 틀을 주기

네 가지 역할을 학생들이 독립적으로 수행하기 위해서는 각각의 역할에 대한 교사의 시연이 필요합니다. 역할에 대한 모델을 보여 주고, 설명해도 학생들이 이해하지 못한다면 각 역할을 수행할 때 참고할 수 있는 질문의 틀을 줍니다. 요약자는 '주제는 무엇인가?', '가장 중요한 내용은 무엇인가?' 등의 질문을 떠올립니다. 질문자는 내용, 배경, 의미 등을 묻거나 토의하고 싶은 내용을 질문으로 작성합니다. 명료화는 '이 문장에서 OO은 무슨 뜻인가?', '이 부분은 어떻게 이해하면 좋을까?'와 같은 질문을 떠올리며 단어를 뽑아 이해하기 쉽게 설명합니다. 필요한 경우 인터넷이나 사전을 사용할 수 있습니다. 예측하기를 맡은 학생은 '앞으로 OO는 어떻게 변할까?'와 같이 질문하며, 내용을 예측하고 근거를 제시합니다.

상보적 읽기

모둠별로 'AI와 환경 문제의 상관관계[23)]'에 대한 기사문을 주고, 역할을 나눠 읽도록 했습니다. "꼼꼼히 읽어야 이를 재료 삼아 모둠 안에서 나눌 수 있어요." 각자의 역할에 충실해야 모둠이 제대로 굴러간다는 사실을 인지한 학생들은 텍스트를 집중하여 읽습니다. 읽기를 마친 후 토의할 준비를 끝내면 모둠별로 읽은 내용에 대해 돌아가며 말합니다. 이때 의사소통 과정에서 주의할 점을 소리 높여 강조합니다. "최악의 의사소통은 각자 자기 말만 하고 서로 듣지 않는 것입니다. 말하는 사람은 종이를 보고 말하고, 듣는 이는 친구 말을 듣지 않고 자기 할 말을 준비하지 않도록 합니다." 가장 중요한 것은 '내 앞 친구, 옆에 앉은 친구를 존중하고 친구의 생각을 궁금해하는 마음'이라고 설명하고, 상대방에게 온전히 집중해 줄 것을 당부합니다. 이러한 메시지가 통하지 않으면 앞으로 몸 기대기, 서로 눈 마주치기, '오오오오' 호응 연습을 시킵니다. 이것을 하고 넘어가는 수업과 안 하고 넘어가는 수업은 집중도에서 차이가 큽니다. 딴짓하느라 바쁘던 학생들도 서로를 향한 몸짓과 눈빛을 보여 줍니다.

역할	내용
요약	AI의 과도한 사용과 기업 경쟁으로 인해 기후 위기 문제가 심각해지고 있으며, 전 지구적으로 과제 해결에 집중해야 한다.
명료화	- AI 디톡스: AI가 생성, 분석하는 콘텐츠의 과도한 노출을 줄이고 오프라인 활동과 자기 성찰을 늘리는 실천법 - 데이터센터: 서버에 네트워크 장비를 모아 데이터 저장, 처리, 관리를 수행하는 시설 - 빅테크: 미국을 중심으로 한 대형 정보기술(IT)기업을 지칭
질문	- 데이터 센터가 기후 위기에 미치는 영향은 무엇인가? - 미국과 중국의 경쟁이 가져올 수 있는 문제는 무엇인가? - AI 디톡스 캠페인의 목적은 무엇이며 어떤 실천 방법이 제시되고 있는가?
예측	생성형 AI의 사용은 지구 물 부족 문제를 가져올 것이며 빅테크 기업의 화력 에너지 사용 규제는 더 강화될 것이다.

모둠별로 대화를 나누게 하면 학급 전체를 대상으로 발표하기를 어려워하는 학생, 극내향인 학생의 효능감도 올라갑니다. 또 느리고 안 하는 학생들에게도 책임감을 주는 수업의 구조를 만들 수 있습니다. 차근차근 학생들의 생각을 묻는 수업, 학습의 책임을 학생에게 점진적으로 넘겨 주는 일이 무겁게 느껴질 때는 상보적 읽기를 경험한 학생들의 말을 떠올려 보길 바랍니다.

"질문자 역할이었는데, 질문을 고민하면서 읽으니 글을 더 꼼꼼하게 읽을 수 있었다."

"각자의 역할을 나눠 모둠 활동을 하니까 서로 다른 이야기를 들을 수 있어 즐겁고, 친구한테 배울 수 있었다."

"역할을 나누어 글을 읽고 이야기를 하면서 혼자 읽을 때는 놓치기 쉬운 부분까지 깊이 이해할 수 있었다."

5

문해력 수직 상승의 비결, 쓰기 수업

5장 활동지 모음

“중고등학생들의 글쓰기는 걱정스러운 경우가 많아요. 교직 초반에는 글쓰기에 대한 별도의 가이드 없이 교과 관련 내용 가이드만 했어요. 이제는 교과 관련 글쓰기가 필요할 때 글쓰기 관련한 도움 가이드를 제공해요. 쓰기 과제에도 충분한 비계가 필요하다고 느꼈어요.” 논술, 독후감, 보고서를 수행평가 과제로 주었다가 속이 터질 것 같았다는 동료 선생님의 하소연을 종종 듣습니다. 교사는 꼼꼼하게 읽고, 깊이 생각하고, 풍성하게 표현해 보는 활동을 유도하기 위해 독후감을 과제로 주지만, 학생들의 쓰기에 대한 부담만 폭발할 뿐입니다. 학생들은 ‘쓰고 싶다’, ‘쓰기는 할 만하다’, ‘쓰기는 나에게 이롭다’라는 생각이 들지 않으면 스스로 쓰지 않습니다. 따라서 읽었으면 쓰고 싶은 마음이 들도록 자극할 필요가 있습니다. 한 줄 이상 쓰지 못하는 학생들을 위한 비형식적 쓰기, 기존 개념을 심화하는 개념적 쓰기, 공식적이고 완성된 형태의 종합적 쓰기, 한국 교육 현장에서는 소홀히 다뤘던 윤리적 글쓰기와 같은 활동이 필요합니다.

❶ 한 줄 이상 쓰지 못해요

– 비형식적 쓰기

보통 쓰기 활동이라고 하면 보고서, 제안서, 신문 등 형식을 갖춘 공식적인 글쓰기 활동을 떠올립니다. 자료를 기반으로 여러 시간에 걸쳐 텍스트를 읽고 써야 그럴듯한 결과물이 나온다고 생각하기 때문에 학생도 교사도 부담스러워하는 경우가 많습니다. 한 문장 쓰기도 어려워하는 학생들과 쓰기 수업을 시작하려면 어떻게 해야 할까요?

5분, 10분 짧은 호흡으로 '빨리 적기(Quick Writes)'를 해 볼 수 있습니다. '빨리 적기'란 수업을 시작하고 끝낼 때, 일상적·비형식적·속성으로 글을 쓰는 활동을 말합니다.[24] 주제를 탐색하거나 질문에 답하기 위해 즉흥적으로 쓰기도 합니다. 글쓰기에 친숙해질 수 있는 '빨리 적기'의 방법[25]은 다음과 같습니다.

흥미로운 발문에 답하기

흥미로운 발문에 답하는 활동은 쓰기보다는 적기에 가까운 활동입니다. '지금까지 대화를 나눴던 핵심 아이디어 1~2가지를 3분 이내로 쓰시오', '읽은 내용에 대해 다섯 단어로 빠르게 쓰시오'와 같은 질문에 대해 답을 작성합니다.

주제에 대한 아이디어를 종이 위에 두서없이 적어 나가기도 하며 떠오르는 아이디어를 연결하기도 합니다. '완성도 있게 잘 쓰기'보다 '시간 내에 멈추거나 수정하지 않고 쓰기'를 강조하며 1분~10분 내로 활동을 진행합니다.

체육 시간에 단체 운동과 관련한 도서 한 권을 골라 읽고, 읽은 내용에 대해 '다섯 단어'로 빠르게 쓰는 활동을 했습니다. 이 활동은 교사가 제공한 시간 안에 주어진 단어의 개수를 써야 의미가 있기 때문에, 타이머를 화면에 띄우고 시간을 조정하며 진행하는 것이 좋습니다.

"지난 시간에 읽은 책 내용에 대해서 1분 내로 다섯 단어를 쓰세요."라고 말하며 포스트잇을 한 장씩 나눠 줬습니다. 『배구, 사랑에 빠지는 순간』을 읽은 학생은 '윙 스파이커', '속공', '리베로', '도쿄올림픽', '4강 진출'이란 단어를 적었습니다. 『GARBAGE TIME 가비지 타임』을 읽은 학생은 '앤드 원', '새깅', '수비', '돌파', '페이크'란 단어를 기록했습니다. 지난 시간에 읽은 내용을 떠올리며 속성으로 작성하는 활동이기 때문에 부담 없이 쓰기를 시작해 볼 수 있습니다.

비유를 들어 빈칸 채우기

'비유를 들어 빈칸 채우기'는 수업 도입 부분에서 경험을 바탕으로 쓰고, 수업 마무리에는 읽고 학습한 내용이 드러나도록 작성하는 활동입니다. 활동의 초점은 쓰기 유창성을 발전시키는 데 있습니다. 바른 맞춤법과 정성을 다한 손 글씨보다는 아이디어 연상, 문장의 내용을 더 중시합니다. 비유를 들어 빈칸을 채우는 활동은 "배구는 (**믿음**)이다. 왜냐하면 서로를 믿고 공을 올리기 때문이다."처럼 교사가 먼저 예시를 들어 줍니다. 예시가 있으면 학생들이 감을 잡고 따라 하기 쉽습니다. 작성 시간 3분이 지나면 학생들은 패들렛(padlet)과 같은 보드 플랫폼에 작성한 내용을 공유합니다. 발표자는 교사가 지목하는 것보다 좋은 반응을 가장 많이 끌어낸 학생으로 하는 것이 좋습니다. 1인당 '하트'를 3개씩 눌러 투표하고, 가장 많은 하트를 받은 학생이 전체를 대상으로 발표합니다.

예) 생태계란 (**심장**)이다. 왜냐하면 (**생태계가 무너지면 인간 또한 무너지기**) 때문이다.
예) 통일은 (**다이어트**)다. 왜냐하면 (**해내야 하는 숙제이지만, 어렵기**) 때문이다.

질문 갤러리 워크

질문 갤러리 워크는 주제·질문을 시각화한 종이를 특정 공간에 붙이면 참여자가 돌아다니며 의견을 적는 활동입니다. 적은 내용은 전체에 공유합니다. 질문을 통해 수업 내용을 반복하고 깊이 있는 생각을 하게 만듭니다. 복잡한 절차 없이 개인의 생각을 전체 학급의 결과물로 공유할 수 있습니다.

먼저 전지 4장(관찰, 연결, 놀람, 질문)을 사방에 붙입니다. 1인당 포스트잇을 4장씩 나눠 주고, 시간을 5분 정도 줍니다. 5분간 핵심어를 중심으로 머릿속에 즉흥적으로 떠오르는 생각들을 적도록 합니다. 주어진 시간 내에 4가지 모두 채우는 게 중요합니다. 질문 갤러리 워크 10분의 시간이 지나고 나면, 도슨트를 맡은 학생이 전지별로 포스트잇 몇 가지를 뜯어서 읽어 가며 활동을 이어 갑니다. 자연스럽게 모든 학생이 참여하도록 합니다.

관람할 때는 다른 학생들의 기록을 꼼꼼히 살펴볼 수 있도록 충분한 시간을 제공하는 것이 좋습니다. 만약 도슨트를 희망하는 학생이 없다면 각 질문별로 가장 잘 쓴 학생을 도슨트로 선정합니다.

고전 읽기 수업- 프란츠 카프카의 『변신』을 읽고

◇ **관찰:** 무엇을 보았는가?

집안의 가장 역할을 했던 그레고르가 벌레로 변했고, 변신 이후 가족의 시선이 사랑에서 혐오로 바뀌었다.

◇ **놀람:** 무엇을 새롭게 알았는가?

그레고르의 죽음이 비극이 아니라 가족의 해방으로 묘사되는 것이 놀랍다.

◇ **연결:** 무엇이 나와 연결되는가?

나는 어떤 모습이어도 사랑받을 수 있을까? 지금의 나, 이대로 괜찮을까?

◇ **질문:** 무엇을 더 알고 싶은가?

자신의 존재 의미와 가치는 무엇으로 판단할 수 있는가?

❷ 교과 개념을 깊이 공부할 수 있는 글쓰기 방법이 궁금해요

– 개념적 쓰기

학생들은 글쓰기를 '핸드폰 없이 24시간 살아보기'만큼 난이도 있는 활동으로 생각합니다. 읽고 난 다음에 글을 쓰라고 하면 "기억이 안 나요.", "머릿속에서 내용이 감쪽같이 없어져 버렸어요."라고 말하는 학생들이 글을 쓰려면 여러 디딤돌이 필요합니다. 가장 좋은 방법은 글의 구조를 바탕으로 읽은 내용, 자신이 말하고자 하는 내용을 펼쳐 나가는 것입니다. 하지만 처음부터 복잡한 글의 구조나 틀을 떠올리고 척척 만드는 유니콘 같은 학생은 없습니다. 백지 공포증이 있는 학생들에게 틀을 주고, 그 틀에 내용을 채워 넣어 자기 생각을 쓰는 방법을 알려 줘야 합니다. 수업 중에 읽는 텍스트를 기반으로 한 이러한 글쓰기 방법을 개념적 쓰기 활동(Concept Application Writing Activities)이라고 합니다. 지금부터 여러 가지 선행 조직자와 질문들을 활용하여 쓰기와 표현하기를 촉진하는 개념적 쓰기 활동에 대해 살펴보겠습니다.

그래픽 조직자를 활용한 글쓰기

그래픽 조직자를 활용한 글쓰기 활동은 쓰기의 기본 틀

을 주고 표현하기를 연습하는 것입니다. '그래픽 조직자(graphic organizer)'란 눈에 보이지 않는 개념, 지식, 정보를 시각적으로 구조화하여 표현하는 도구입니다. 그래픽 조직자는 글을 오래 기억하고 학습 내용 간의 연결 관계를 이해

개념/정의

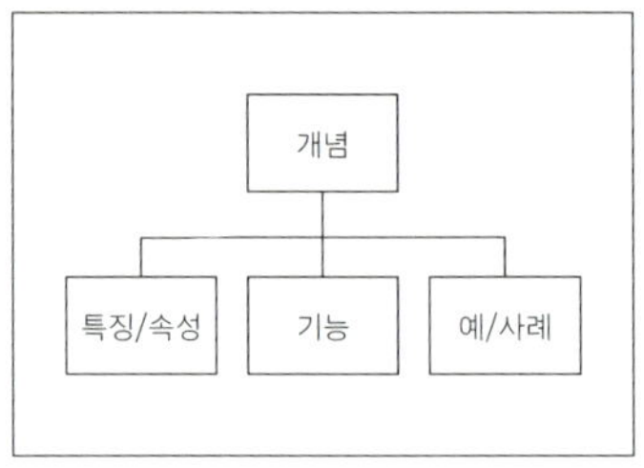

문제/해결

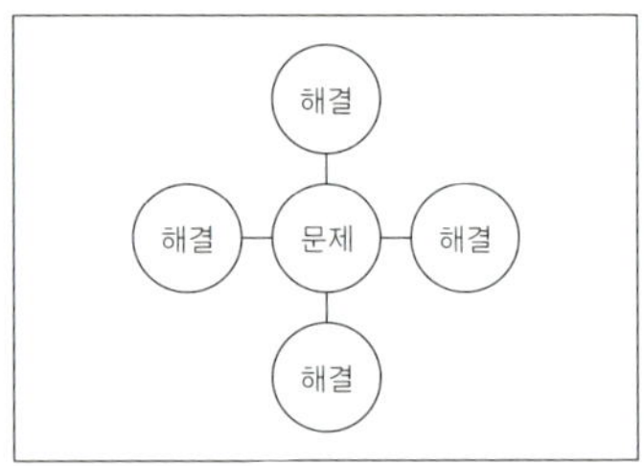

원인/결과

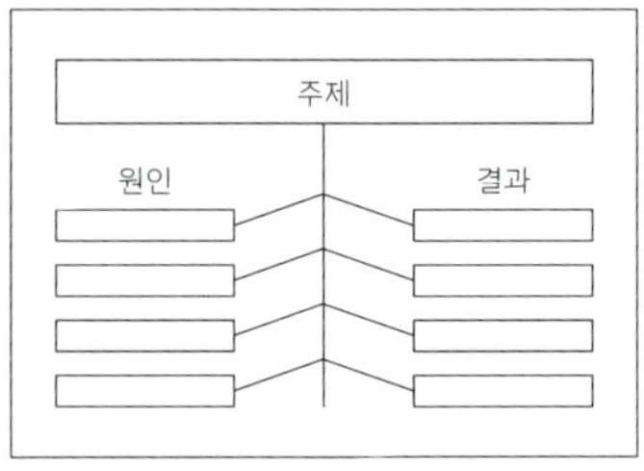

비교/대조

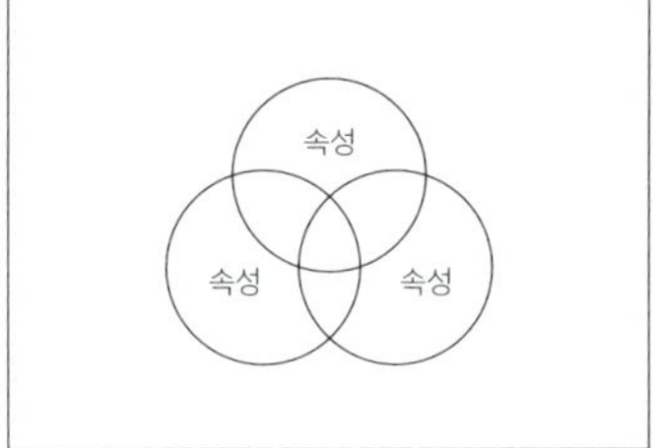

열거/흐름

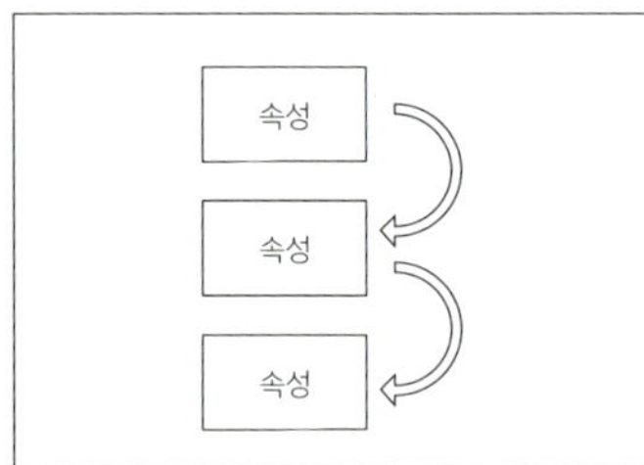

할 수 있게 해줍니다. 자료와 함께 그래픽 조직자를 제시하면 관심과 집중력이 커져 글을 즐겁게 읽을 수 있습니다.

그래픽 조직자는 정보가 조직되는 개념/정의, 문제/해결, 원인/결과, 비교/대조, 열거/흐름 다섯 가지의 틀을 활용합니다. 예를 들어, '설탕세'에 대한 글을 쓴다면 먼저 어떤 틀이 가장 적합할 것인지 생각해 보아야 합니다. 설탕세에 대한 일반적 정보를 제공하는 글을 쓴다면 '개념/정의'의 틀에 작성합니다. 설탕세 논쟁과 관련한 문제라면 '문제/해결'의 틀에 씁니다. 설탕세와 비만세의 공통점과 차이점을 묘사한다면 '비교/대조'의 틀에 작성합니다. 만일 '당류 음료 건강 부담금' 이슈에 관한 이야기라면 '원인/결과'의 틀에 쓰고, 설탕세 제정의 역사를 다룬다면 '열거/흐름'의 틀로 다룹니다. 정보가 조직된 보편적 방법인 다섯 가지 글의 틀을 고려한 그래픽 조직자는 다음과 같습니다. 틀에 맞춰 주제에 대한 글을 쓰고 난 후 그에 대한 자신의 생각, 의견을 붙여 정리하도록 하면 짜임새 있게 글을 작성할 수 있습니다.

그래픽 조직자를 활용할 때 학생들이 완성한 그래픽 조직자 자체가 학습의 결과이므로 제시된 항목을 공란 없이 쓰도록 강조해야 합니다. 간혹 질문에 대한 답을 한 단어, 한 문장으로 성의 없이 작성하는 학생이 있습니다. 이를 적절한 반응으로 수용하지 말고 구체적인 근거와 예시를 찾아 쓰도록 피드백을 줍니다. 디지털 글쓰기를 진행한다면 구글 드로잉(bit.ly/그래픽 조직자)에서 제공하는 그래픽 조직자를 무료로 이용할 수 있습니다.

생각을 정리하는 질문 글쓰기

질문을 활용하면 생각 정리, 쓰기 활동을 촉진할 수 있습니다. 질문을 스스로 생각해서 쓰라고 하면 공란으로 두거나 어려워하는 학생들이 있습니다. 질문에 답하기만 하고, 질문을 만들어 본 경험은 부족하기 때문입니다. 학생 스스로 질문을 만드는 것이 가장 좋지만, 학생들에게 연습이 필요하다면 질문의 틀, 질문의 목록을 주고 거기서 골라서 쓰게 해도 됩니다.

가장 먼저 추천하는 질문 글쓰기 방법은 읽기 전, 중, 후로 쓰기 과제를 쪼개서 주는 KWL입니다. KWL는 읽기 전 '알고 있는 것은 무엇인가?', 읽기 중 '궁금한 것은 무엇인가?', 읽기 후 '새롭게 알게 된 것은 무엇인가?'의 질문에 답하며 글을 쓰는 활동입니다. 읽기 전, 중, 후로 나눠 작성하기 때문에 학습자의 쓰기 부담을 줄일 수 있습니다. 또한 읽기 전·후의 변화를 두 눈으로 확인할 수 있어서 읽기 효능감 또한 높아집니다.

KWL 차트를 활용한 질문 글쓰기

주제: 농구	주제 선정 이유: 농구 전술을 알고 싶기 때문

Know 알고 있는 것	Want 알아야 할 것	Learned 알게 된 것
- 맨투맨 전술 - 5명이 경기를 뛰며 5명 외에도 계속 교체가 가능하도록 벤치에도 선수가 있음. - 파울은 최대 5개까지 가능함.	- 맨투맨 전술 외에 농구 전술에는 무엇이 있는가? - 식스맨이란 무엇인가? - 수비와 공격 중 어떤 것이 중요한가?	- 식스맨이란 주전급 교체 멤버를 뜻한다. 공격의 흐름을 바꾸고, 수비를 위해 투입되는 경우가 있다.
출처	농구를 좋아하는 사람이라면 꼭 알아야 할 전술(손대범). 17쪽-80쪽	

학생들에게 책을 읽고 나서 그 내용을 바탕으로 자신의 생각을 적으라고 하면 힘들어하고, '재미있었다', '보람있었다'와 같이 한 줄로 성의 없게 써 놓는 경우가 많습니다. 이때 리플렉션 페이퍼(reflection paper) 같은 질문 가이드라인을 제공하면 책을 통한 자기 성찰 및 생각하기를 도울 수 있습니다. '저자가 지닌 가치관은 무엇인가?', '책에서 가장 흥미로웠던 점과 그 이유는 무엇인가?', '책이 나의 지식을 어떻게 넓혀 주었는가?', '책을 읽고 깨달은 편견은 무엇인가?', '책을 읽고 새롭게 배우게 된 점은 무엇인가?', '책에서 읽은 내용을 어떻게 활용할 수 있을까?', '독서 전·후를 비교할 때 나의 생각은 어떻게 달라졌는가?' 이러한 질문으로 책에 자신을 비춰 보고, 학습한 내용을 연결하는 글쓰

기를 할 수 있습니다.

'가장 마음에 들었던 문장(또는 명장면)과 그 이유는 무엇인가?'에 답하면 자기 생각을 문장으로 표현하기 쉽습니다. 이 질문에 답하려면 책에 표시해 둔 부분을 옮겨 적으면서 그때그때 떠오르는 것을 메모해 두는 게 필요합니다. 필사한 중요 문장과 쪽수를 쓰고 필사한 문장에 대한 자기 생각과 경험, 공감되는 포인트를 붙여 주면 쉽게 글을 쓸 수 있습니다. 무엇이든 단기간에 좋아지지 않습니다. 처음에는 문장을 따라 쓰는 데 목적을 둔다면 학생들이 어깨에 힘을 빼고 즐길 수 있습니다. 이런 경험과 시간이 누적되면 자기 생각을 글로 표현하는 것에 익숙해집니다.

『긴긴밤』 필사한 내용으로 글쓰기

	감상평 : 문장, 명장면을 어떻게 이해하고, 해석했는지 밝힌다.	쪽수
마음에 드는 문장 또는 문단	"노든 복수하지 말아요. 그냥 나랑 같이 살아요." ↳ 꾹꾹 감정을 눌러 참는 것만이 능사가 아니다. 노든과 아기 펭귄처럼 기댈 수 있는 존재 앞에서 실컷 울다 보면 고통의 상처가 눈물에 씻겨 나갈 것이다.	104
명장면	노든이 절벽 위에서 혼자 바다를 찾아 떠나는 아기 펭귄을 떠나보내고 파란 세상을 내려다보는 장면이 인상 깊다. ↳ 그 이유는 의미를 찾아 안간힘을 쓰고 나아가다 보면 각자의 바다를 볼 수 있다는 것을 말해 주기 때문이다.	124

❸ 공식적이고 완성된 형태의 쓰기 방법을 알고 싶어요

- 종합적 쓰기

종합적 쓰기 활동(comprehensive writing activities)이란 여러 차시에 걸쳐 조사한 자료를 기반으로 한 공식적이고 완성된 형태의 쓰기를 말합니다. 형식을 갖춘 완결된 글쓰기로 긴 시간과 교사와 학생 모두의 인내가 필요합니다. 대표적으로 '탐구 보고서' 쓰기가 있습니다. 보고서 쓰기는 책, 인터넷에서 다양한 자료를 수집하고 정리하여 글로 표현하는 것입니다. 보고서는 학교 밖에서도 쓰임이 많고, 자기주도적인 탐구 활동을 경험하게 할 수 있습니다. 그래서 진로 탐구 보고서 쓰기, 관측 및 실험 보고서 쓰기, 예산 및 법률 제안 보고서 쓰기 등 보고서 쓰기가 여러 교과의 수행평가 단골 과제로 등장합니다. 종합적 글쓰기에서는 주제를 정하는 방법, 자료 조사 방법, 참고문헌 작성 방법 등 절차적 지식을 알려 주어야 합니다. 이 과정을 통해 논리적 글쓰기 방법을 배울 수 있습니다. 지도 과정에서 교사는 자신의 경험을 공유하면서 자료를 기반으로 한 공식적이고 완성된 형태의 쓰기를 해야 하는 이유, 보고서는 어떠한 쓰임이 있는지에 대한 설명을 놓치지 말아야 합니다. 이렇게 교사의 경험을 이야기하면 학생들도 글을 써보고 싶다는 생각을 하게 됩니다. 지금부터 가장 쓰임이 많은 보고서 쓰기 활동에 대해 각 단계별로 알아보겠습니다.

종합적 글쓰기의 첫 공정은 주제 선정

가장 먼저 주제와 관련된 자기 경험과 배경지식을 떠올립니다. 연상한 키워드는 계획서에 메모하고, 키워드를 활용해 주제를 구체화합니다. 주제에 대해 떠오르는 것이 없다고 말하는 학생이 있다면 교과서에서 자기와 연결된 주제를 찾도록 안내합니다. "관심 주제도 없고, 교과서를 봐도 아이디어가 떠오르지 않아요."라며 첫 단계부터 어려움을 호소하는 학생에게는 후보 주제를 제시하고 그중에서 고르게 합니다. 잘 모르는 분야에 대해 탐구 주제를 정하려는 학생이 생기지 않도록 교사가 주제의 범위를 제한해 주는 것도 때로는 필요합니다. 주제를 정하는 과정에서 "그래, 주제가 구체적이어서 좋다.", "의미 있는 탐구가 되겠어.", "어렵지만 한번 해보자."라는 말도 중요합니다. 따뜻한 피드백과 긍정 반응은 학생의 열정과 동력으로 이어집니다.

주제 관련 도서 탐색 후 내용 정리하기

도서관에서 필요한 책을 검색하고, 발췌독 후 내용을 정리하는 단계입니다. 책은 그 자체로 재밌는 것이기도 하지만 무엇보다도 어디에 써먹을 수 있을지 두리번거리며 읽을 때 몇 배로 재밌습니다. 학생들은 책에서 정보 찾는 것을 낯설어하고, 좋아하지 않기 때문에 자료 조사 과정에서 책이 어떠한 의미를 갖는지 설명을 덧붙입니다. "아는 만큼 보이고, 느낀 만큼 쓸 수 있어요. 인터넷의 조각 글, 환각 현상이 있는 AI의 글보다 책 한 권에서 여러분이 단서를 더 찾을 가능성이 높아요." 손수 모아 둔 양질의 자료와 그것을 이해한 정도에 비례해 글 안에서 자유를 누릴 수 있다는 것을 먼저 이해시킵니다.

그다음 2~3권 정도를 읽으며 읽은 내용 중 의미가 있다고 판단되는 내용은 메모하도록 합니다. 무엇을 메모해야 하는지 모르는 학생이 있다면 효과적인 독해를 유도하는 문항을 제시합니다. '키워드를 찾아 그 의미를 요약하세요.', '키워드를 찾아 좀 더 쉬운 말로 풀어 쓰세요.', '도표를 읽고, 그것이 의미하는 바를 설명하세요.', '그림 자료를 보고 자신의 생각을 적어 보세요.' 책을 읽으며 궁금한 부분이 생기면 다른 책에서 발췌해서 읽도록 합니다. 책을 통해 질문에 대한 답을 찾을 수 없으면 다음 시간에 인터넷에서 논문을 비롯한 다양한 자료를 찾아 문제를 해결하면 된다고 예고합니다.

인터넷 검색을 통해 주제 관련 필요한 자료 더 찾기

종합적 쓰기 활동에서는 자료 찾기가 중요합니다. 종합적 쓰기는 감각적인 글발을 발휘하는 게 아니라 탄탄한 자료로 내실 있게 글을 쓰는 활동이기 때문입니다. 한 시간 책 읽기를 통해 자료를 찾았다면, 나머지 시간에는 컴퓨터를 활용해 책에서 찾지 못한 정보를 탐색하게 합니다. 인터넷 검색을 할 때 교사가 미리 유용한 인터넷 사이트를 찾아서 정리해 두고, 해당 사이트의 정보가 부족할 때 포털 검색을 하도록 합니다. 인터넷에서 찾은 자료를 그대로 베끼거나 짜깁기한 것은 금방 알 수 있다고 주의를 주어야 합니다. 그리고 조사 내용과 출처는 교사가 제공한 정리 양식에 맞춰 기록하도록 합니다. 보고서를 작성한 후에 출처를 기재하려고 하면 생각나지 않기 때문입니다. 출처를 정리하지 않으면 나중에 초고를 쓸 때 자신이 어디서 자료를 수집했는지 까먹어 출처를 제대로 표기하지 못하게 됩니다.

종합적 글쓰기에서는 다문서 읽기가 주를 이루기 때문에 자료의 수와 분량을 적당하게 조절할 필요가 있습니다. 자료의 수와 양이 많으면 주어진 시간 동안 자료 내용을 이해하는 데 많은 시간을 소비하게 되어 학생들의 집중력도 떨어집니다. 핵심 자료를 중심으로 그와 반대되는 주장을 묶거나, 근거나 반례의 관계를 만들거나, 이론과 실제 등의 특정한 관계를 염두에 두고 2~5개의 자료를 연결할 때 학습 효과가 높습니다.

개요 작성 및 보고서 쓰기

글로 써 봐야 내가 얼마나 아는지 무엇을 모르는지 드러납니다. 자료 정리가 끝났다면 본격적으로 보고서 작성을 시작합니다. 평소에 개요를 쓰지 않고, 마구 쓰는 습관이 있는 학생들이 힘들어하는 단계입니다. 보고서 형식은 학생의 자율에 맡기지 말고, 개요 작성 틀을 제공하는 것이 효과적입니다. 개요를 확실히 하면 내용을 구조화할 수 있어 보고서 쓰기가 편해집니다.

자신의 생각이나 새롭게 알게 된 정보를 어떤 순서로 쓸 것인가 생각하며 '서론-본론-결론' 순서로 개요를 작성하도록 합니다. 서론에서는 주제를 밝히고, 자신의 관심사와 흥미를 연결하여 주제 선정 이유를 밝힙니다. 본론에서는 탐구 주제의 개념, 실태, 문제와 해결 방안, 사례 등을 알아내서 씁니다. 결론에서는 서론과 본론의 내용을 요약한 후 종합 의견을 작성합니다. 주관적 해석, 의견을 밝힐 때는 "앞으로 ~한 노력을 하겠다."와 같은 무난한 결론으로 끝내지 말고, 자신의 현재 처지에서 책임질 수 있는 다짐만 솔직히 쓰도록 합니다. 글의 주제에 따라 작성한 개요는 관련 자료를 읽고 정리하는 과정에서 변경될 수 있습니다. 개요 짜기를 제대로 하지 못한다면 보고서를 쓸 수 없으므로, 개요 작성이 부족한 학생은 일대일로 지도합니다. 개요 짜기를 지도할 때쯤 되면, 지도할 학생은 많은데 인내심이 고갈되어 이상한 개요를 보면 도끼눈이 되기 쉽습니다. 하지만 못 쓰고 싶은 학생은 없으므로 완벽하게 고쳐 주고 싶은 마음을 버리고 2~3개만 지적합니다. 학생을 예쁘게 보는 마음으로 친절하게 피드백을 주면 학생은 잘 쓰고 싶은 쪽으로 마음을 옮깁니다.

다 쓴 보고서는 학생 스스로 여러 번 읽어 보면서 마음에 들 때까지 다듬어야 합니다. 혼자서 자기 글을 놓고 외로운 싸움을 하지 못할 것으로 예상되면 서로의 글을 피드백하도록 합니다. 시간은 더 걸리지만 독자의 존재를 눈으로 확인하며 자신이 이 글의 저자라는 것을 다시 한번 깨닫게 됩니다. 그리고 친구의 긍정적인 피드백을 듣고 좀 더 힘을 내서 수정할 수 있습니다. 고쳐쓰기를 한다면 모둠에서 돌려 읽은 후에 잘 쓴 점 2가지를 구체적으로 칭찬해 주고, 이해가 안 되는 부분을 1~2가지 질문하기 방식으로 진행한 후 글을 고치도록 합니다.

❹ 쓰기 활동에서 반드시 챙겨야 할 것은 무엇인가요

- 윤리적 글쓰기

쓰기 활동에서 반드시 챙겨야 할 것이 표절 문제입니다. 표절이란 다른 사람이 작업한 것을 허락 없이 복사하여 가져다 쓰는 것입니다. 컴퓨터와 인터넷, 생성형 AI를 활용한 글쓰기가 늘어나고 있기 때문에 초등부터 표절 예방 교육이 이루어져야 합니다. 클릭 몇 번이면 남의 글을 쉽게 가져올 수 있는 세상에서 표절에 대한 개념이 없으면 아무런 문제의식 없이 표절을 할 수 있습니다.

학생들은 표절하면 안 되는 이유, 표절을 피하기 위한 인용과 출처를 기재하는 정확한 방법에 대해 알지 못합니다. 정보 윤리의 중요성을 막연하게 인식하지만, 이를 준수하는 구체적인 방법을 모릅니다. 서지 정보를 추출하는 방법, 출처 쓰는 방법을 알려 주면 표절을 막을 수 있습니다. 표절을 예방하는 윤리적 글쓰기의 방법을 차근차근 살펴볼까요?

출처 표시의 의미 이해하기

요즘 학생들은 "인용 표시를 하는 게 귀찮고, 의미 없게 느껴져요."라고 거침없이 이야기합니다. 다른 사람이 쓴 글이나 자료를 들고 오는 것이 지적 재산을 침해하는 행위라는 것을 명확히 인지하지 못합니다. "표절은 도둑질이니까 표절하지 말자."라고 말하는 것은 설득력이 없습니다. 출처 밝히는 방법을 알려 주기 전에 출처 표시의 의미에 대해 먼저 알려 주는 것이 필요합니다. "출처 표시는 나와 연구자를 위한 방식으로 해당 주제에 대해 먼저 연구한 사람에 대한 존중과 노고를 인정한다는 의미가 있습니다.", "글을 읽는 독자가 탐구 과정을 확인하고 자료원을 참고할 수 있어요.", "출처 표시는 나의 탐구 과정에 대한 기록이며, 결과물의 질을 보장합니다." 학생들은 출처 표시의 의미에 대한 자세한 설명을 들으며 윤리적 글쓰기에 대한 마음을 다지게 됩니다.

서지 정보 추출하기

출처를 쓰려면 책의 판권지에서 기본적인 서지 정보를 뽑을 수 있어야 합니다. 책 제목은 무엇인지, 펴낸이와 지은이의 차이점, 원저작물의 출판연도와 번역본의 출판연도가 다른 이유는 무엇인지, 번역서의 경우 역자가 존재함을 설명합니다. "초판이 무슨 말이죠?", "출처를 쓰기 위한 정보를 책에서 어떻게 찾죠?" 이러한 질문이 폭포수처럼 쏟아지기 전에 실물 자료를 예시로 보여 주며 서지 정보를 파악할 수 있는 판권지를 함께 찾아봅니다. "출처를 표시하려면 판권지에서 어떠한 정보를 뽑아내야 할까요?" 저자명, 도서명, 출판사, 출판연도를 함께 뽑아 보며 연습하는 시간을 가집니다.

출처 쓰기

출처 정리 방법은 서명, 저자명, 출판연도, 출판사 4가지의 서지 정보를 포함하여 순서대로 기술하도록 합니다. 출처 정리를 처음 해보는 학생들이라면, 연습 활동을 해보는 것도 필요합니다. 교사가 제시하는 예시 자료를 보고, 그 출처를 형식에 맞게 정리합니다. 온라인 자료의 경우 필자나 게재 일자가 없는 경우 생략할 수 있습니다. 그리고 온라인 자료는 시간이 지나면 삭제되기도 해서 언제 검색했느냐에 따라 검색 결과가 달라질 수 있음을 알려 줍니다.

정보원별 출처 기재 방법

구분	기재 방법
단행본	저자명(출판연도).도서제목.출판사. 페이지
	홍길동(2026).문해력수업.문정출판사. 40쪽
학술지	저자명(출판연도).논문제목.학회이름 권(호). 페이지
	홍길동(2026).문해력수업.한국비블리아학회1(2). 11-13쪽
신문	기자명(발행연.월.일).기사제목.신문사명.페이지
	홍길동(2026.2.21.).문해력수업. 문정일보. 3쪽
	기자명(발행연.월.일).기사제목.신문사명.〈URL〉
	홍길동(2026.2.21.).문해력수업.〈http://news24.com〉

인터넷	웹사이트명(작성연도).자료제목.[검색날짜].〈URL〉
	교육부(2026).문해력수업.[2026.2.21.].〈http://www.moe.go.kr〉

정보를 찾아 재기술하기

"출처만 밝히면 표절에서 벗어날 수 있나요?"라고 묻는 학생이 반마다 있습니다. 표절하지 않으려면 정보를 반드시 다른 말이나 형태로 바꾸어 표현하고, 출처를 밝혀야 합니다. 학생들은 자신의 언어로 풀어 쓰는 것을 어려워하기 때문에 정보를 찾아 재기술하는 방법을 알려 줘야 합니다. 예를 들어 단순히 글 속의 문장을 베껴서 옮기는 것이 아니라 자신만의 표현으로 '줄기세포란 무엇인가?'를 정의하거나, '벡터의 외적을 구할 수 있는 방법은 무엇인가?'를 묘사해야 합니다. 정보를 찾아 재기술하는 방법은 두 가지입니다. 읽은 내용을 요약하여 말로 정리하기, 나보다 어린 동생도 읽고 이해할 정도의 쉬운 말로 풀어 쓰기입니다. 학생이 쉬운 말로 풀어서 설명하거나 자신의 언어로 재해석하여 기술한다면 내용을 온전히 이해했다고 볼 수 있습니다.

학생들이 과제를 마친 후 제대로 재기술하고, 인용 및 출처를 제대로 작성했는지 확인하는 도구로 카피킬러(www.copykiller.com)가 있습니다. 회원가입 후 무료로 1일 1건 표절 검사를 할 수 있습니다. 또 구글(www.google.com)을 표절 검사 용도로 쓸 수 있습니다. 교사뿐 아니라 학생들도 표절 검사 도구가 있다는 것을 알고 어떻게 작동하는지 이해해야 합니다.

인용과 출처 기재는 중요한데, 한국 교육에서 "하면 좋고, 아니면 말고"와 같이 옵션처럼 다뤄지고 있습니다. 하지만 읽은 내용을 온전히 소화해야 '인용'이 가능하고, 판권지를 읽어 낼 수 있어야 출처 기재가 가능하므로 '윤리적 글쓰기'는 학습의 필수 요소로 다뤄야 합니다. 여러 교과에서 반복적으로 인용과 출처를 기재하는 방법을 다룬다면 학생들의 윤리적 글쓰기 실력은 높아질 것입니다.

6

어떤 매체든 깊이 읽어 내는 디지털 문해력 수업

6장 활동지 모음

"디지털 시대 종이책은 어떠한 의미를 가질까요? 문해력 교육도 새로운 매체에 맞게 변화해야 하는 것은 아닐까요?", "AI를 활용한 글쓰기가 학생들의 문해력과 학습에 어떤 영향을 줄까요?", "AI를 활용하면서 문해력을 높일 수 있는 방법은 없을까요?" AI 시대 스마트폰을 손에서 놓지 못하면서 읽는 것을 힘겨워하는 학생들을 현장에서 가르치는 선생님들의 고민입니다. 책보다는 AI와 온라인 읽기를 선호하는 학생들에게 종이책 읽기의 지혜를 알려 주면서 동시에 디지털 문해력도 함께 키워 줘야 합니다. 디지털 문해력(digital literacy)은 디지털 플랫폼의 다양한 미디어를 접하면서 명확한 정보를 찾고 평가하고 조합하는 개인의 능력을 말합니다. 디지털 문해력의 기본을 다지려면 적절한 검색어 택하는 방법, 검색으로 얻은 정보가 적합한지 평가하는 방법을 가르쳐서 편향성을 알아차리고, 근거 없는 거짓 정보를 식별하도록 해야 합니다. 또한 AI를 기능적, 성찰적으로 이용하는 방법을 알려 줘야 합니다. 이렇게 바람직한 온라인·AI 읽기와 인터넷 습관에 필요한 실행 기술을 직접 높여 주는 것은 다른 학습에도 도움이 됩니다.

❶ 디지털 세계에서 자꾸 길을 잃어요

– 디지털 정보 찾기

정보 시간에 '사이버 범죄 예방을 위한 카드 뉴스 제작하기' 과제를 주고, 자료를 검색할 수 있도록 책과 노트북을 제공했습니다. 학생들에게 활용해야 하는 정보원의 순서를 정해주지 않았더니 책을 뒤로하고 온라인에서 정보를 찾아 읽기 시작했습니다. 온라인 검색은 어떤 상황에서도 기다림 없이 답을 얻을 수 있다고 생각하기 때문입니다. 하지만 온라인에서 얻고 싶은 정보와 지식에 도달하려면 적절한 키워드를 붙잡아 정보를 모으는 방법을 배우는 등의 의식적인 노력을 기울여야 합니다.

양질의 웹사이트에 접근하기

검색의 기본은 신뢰할 수 있는 웹사이트에 접속하여 적절한 검색어를 넣는 것입니다. 교사는 목적에 따라 웹사이트를 찾아갈 수 있도록 목록을 제공합니다. 교과 주제의 개념과 정의를 파악해야 한다면 Daum 백과(100.daum.net), 네이버 지식 백과사전(terms.naver.com) 같은 온라인 백과사전에 접속합니다. 최신 사례가 필요하다면 빅카인즈(bigkinds.or.kr)와 같은 뉴스 사이트를 이용하고, 문제와 해결 방안을 찾는다면 학술기사와 논문 사이트를, 이해가 쉽고 현장감 있는 생활밀착형 정보가 필요할 때는 YouTube를 이용하도록 합니다. 출처를 확인할 수 없는 오픈백과(나무위키, 위키백과), 생성형AI(ChatGPT, 뤼튼), SNS(인스타그램, 블로그)의 사용은 제한합니다.

정보원의 유형별로 웹사이트를 안내할 수도 있지만, 주제별로도 제공할 수 있습니다. 주제별 웹사이트 목록은 국립중앙도서관 웹자원 아카이브(OASIS)에서 검색이 가능합니다. 주제별 웹사이트를 찾기 어렵다면 주제와 관련 있는 기관 홈페이지를 이용합니다. 각 기관 홈페이지에서는 깊이 있는 자료들을 찾기 쉽습니다. 예를 들어 구글에서 '기후 위기 단체 목록'으로 검색하면 목록이 뜹니다. 이 중 기후 위기 주제와 연관 있는 곳에 들어가 정보를 수집하도록 안내합니다.

정보의 정확성 판별이 어려운 어린 학습자를 대상으로 검색 과제를 제시할 때는 구글과 네이버의 세계에서 직접 검색하지 않도록 합니다. 학습자가 정보의 정확성과 질에 대해 스스로 판단할 수 있는 능력을 아직 갖추지 못했기 때문입니다.[26] 교사는 참고할 만한 사이트를 미리 검토하여 목록을 학생들에게 제공합니다. 학생은 교사가 제시하는 웹사이트 링크 내에서만 정보를 찾아 학습 활동을 합니다.

[예] 정보길잡이-이 자료를 활용하여 사회 문제 해결을 위한 법률안을 작성하시오.		
개념	**현행 법안**	**의안 현황**
Daum 백과 링크	법제처 링크	의안정보시스템 링크
뉴스	**학술기사**	**논문**
빅카인즈 링크	DBpia 링크	학술연구정보서비스 링크

적절한 검색어 입력하기

적절한 검색어를 입력하기 위해서는 자신이 찾으려는 것이 무엇인지 곰곰이 생각해 봐야 합니다. 검색창에 구체적인 내용을 입력할수록 원하는 결과를 얻을 가능성이 높아집니다. 핵심어나 핵심 개념을 먼저 찾고, 표현을 조금씩 바꾸어 검색하도록 합니다. GMO에 대해 검색한다면 '유전자 조작 식품', '유전자 변형 농산물', '유전자 재조합 식품'으로 표현을 바꿔 봅니다. 핵심 개념에 대한 배경지식이 있어야 표현을 바꾸면서 적절한 키워드를 붙잡을 수 있습니다. 만약 적절한 키워드가 떠오르지 않으면 인터넷 백과사전 또는 국어사전에서 '연관 검색어'를 찾아봅니다. '연관 검색어'를 따라 탐험하다 보면 한 번도 생각하지 못했던 답을 발견할 수도 있습니다.

독서를 통한 간접경험 없이도 빠르고 수월하게 키워드를 붙잡는 또 다른 방법이 있습니다. 교사가 학습 주제의 검색어, 핵심어를 과제와 함께 제시하거나, 모둠별로 학습 주제의 핵심어를 조사 및 정리할 수 있도록 시간과 기회를 주는 것입니다.

[예] 음악 사조에 대해 검색할 때 다음의 키워드를 참고하세요.	
핵심 개념	**관련 키워드**
민족주의 음악	드보르자크, 스메타나, 그리그, 무소륵스키, 신세계 교향곡
인상주의와 20세기 음악	12음 기법, 신고전주의, 전자음악, 모리스 라벨, 슈톡하우젠, 드뷔시, 라흐마니노프

아래 표는 세계 나라 사전을 만들기 위해 학생이 '닿소리표'에 작성한 검색어 목록입니다. 닿소리표에 반의어, 핵심어, 연관어 등을 작성하면 한 개의 키워드로 검색할 때보다 효과적으로 필요한 정보를 찾아낼 수 있습니다.

[예] 세계 나라 사전을 만들기 위한 검색어						
ㄱ	ㄴ	ㄷ	ㄹ	ㅁ	ㅂ	ㅅ
국기	날씨	동물		문화유산		수도
ㅇ	ㅈ	ㅊ	ㅋ	ㅌ	ㅍ	ㅎ
음식	전통음악	축제		특징		화폐

구글 또는 네이버와 같은 포털 사이트에서 검색할 때는 '기후 난민 적극적으로 수용해야 하는가?'처럼 논제를 그대로 입력하기보다는 의미 없는 조사, 쓸모없는 정보를 잘라내고, 기본만 입력하는 것이 좋습니다. '기후 난민 현황',

'기후 난민 정의', '기후 난민법'처럼 핵심어를 중심으로 입력하면 정보의 질이 비약적으로 높아집니다.

검색 활동은 이론 설명을 반복하기보다 실습을 통해 몸으로 익히는 것이 효과적입니다. "키워드를 바꿔서 검색하면 결과가 어떻게 달라지는지 살펴볼까요?" 하는 식으로, 이론과 실습을 병행합니다. 학생들에게는 검색어를 설정하고 실패해 보고, 다시 수정해 보는 시행착오의 경험 자체가 중요한 배움의 과정입니다.

검색 경로를 그리고 발자취 남기기

검색 용어를 정하고 나면 언제 무엇을 볼지 검색 경로를 그리고 읽기의 순서를 정합니다. 그리고 발자취를 기록으로 남기도록 합니다. 검색 일자, 사용한 웹사이트, 그 이유, 검색어를 정리해 두면 나중에 검색이 잘 되는 검색어가 무엇이고 안 되는 검색어가 무엇인지, 어떤 조합이 가장 효과적인지 파악할 수 있습니다. 교사는 주제와 맞지 않는 정보를 찾는 학생에게 방향을 알려 줄 수 있습니다. 또한 검색의 과정을 기록하기 때문에 '복사하여 붙여 넣기' 방식으로 과제를 제출하는 일도 막을 수도 있습니다.

[정보 검색 기록] 자료를 찾을 때마다 아래 칸을 작성하세요

검색 일자	사용한 웹사이트	웹사이트를 선택한 이유	검색어
25.12.1	Daum 백과	개념 파악 및 감 잡기	신장 위구르 자치구
25.12.2	공감언론 뉴시스	신장 위구르 인권 침해 사례 찾기	중국 소수민족

『알리바바와 40인의 도둑』 이야기 속 동굴과 비슷한 디지털 지식 생태계에서 금은보화를 얻으려면 동굴 위치와 동굴 문을 열 암호가 필요합니다. 학생들은 어디에 가서 어디쯤을 두드려 어떻게 물어야 원하는 것을 얻을 수 있을지 짐작하는 일을 어려워합니다. 학생들이 적절한 사이트에서 적절한 키워드를 붙잡아 원하는 결과에 도달할 수 있는 방법을 알려 주고 싶다면 이 방법들을 활용해 보길 바랍니다.

② 스크린을 읽지 않아요

– 디지털 읽기 방식 익히기

디지털 세계에서 자료 찾기의 산을 넘으면 찾은 정보를 의미 있는 것으로 만들어야 합니다. 'Too long didn't read(TLDR)', '요약 좀'과 같은 빠르게 읽기, 대충 읽기의 마음가짐을 버리고 온라인 정보를 붙잡는 방법을 알고 있어야 합니다. 집중력을 높이고, 주의 깊게 스크린을 읽으려면 어떻게 해야 할까요? 주의 분산을 줄이기 위해 실제로 읽고 있는 문서 외에 창을 최소화하고, PC 알림을 끄는 것 말고 좋은 방법이 없을까요? 디지털 세계에서 주의 깊은 디지털 독자가 되는 방법은 다음과 같습니다.

핵심어 해시태그하기 또는 손으로 쓰기

디지털 읽기를 할 때 중요하거나 사고를 자극한 것을 생각하고 기억하는 데 도움이 될 핵심어를 적도록 합니다. 읽고 난 후 읽고 배운 것을 요약해 보도록 하면 천천히, 다시 읽게 됩니다. 패들렛과 같은 보드 플랫폼에 해시태그로 핵심어를 쓰게 할 수도 있습니다. 대충 빠르게 읽는 학생들이 많다면 손으로 쓰도록 합니다. 키보드를 이용할 때보다 속도가 느려서 그대로 옮겨 적지 않고 요약하여 기록하게 됩니다. 마음에 드는 한 문장을 찾는다고 생각하면서 천천히 스크린을 읽도록 합니다. 좋은 말은 늘 기억하고 싶어 하기 때문에 스크린 읽기의 맹점인 집중력 저하를 막을 수 있습니다. 예를 들어, 뉴스레터 〈위클리어스〉의 기사 '산호 업고 튀어(2024.05.31.)'를 읽는다면 핵심어를 뽑습니다. 그리고 '#지구온난화#산호백화현상#해류변화#바다수온상승#생태계황폐화#산호보호#국제적노력#어획량문제#30X30계획#온실가스감소'처럼 핵심어를 해시태그합니다. 마지막으로 해시태그를 이용해 한 문장으로 요약합니다.

> 지구온난화로 인한 바다 수온 상승, 해류변화로 인해 산호초의 백화현상, 바다 생태계 황폐화, 어획량 문제가 발생하고 있어 '30X30계획'과 같은 온실가스 감소 및 산호 보호를 위한 국제적 노력이 시급하다.

디지털 주석 달기 기능을 사용하기

디지털 주석 달기는 스크린 상에서의 강조 표시와 밑줄 긋기를 말합니다. 학생들은 의외로 디지털로 주석 다는 법을 모릅니다. 디지털 주석 달기는 종이에 주석을 다는 것보다 수고롭기 때문에 주석 달기의 가치와 방법을 가르쳐야 합니다. '강조 표시'와 '밑줄 긋기'보다 더 적극적인 형태의 주석은 자기 손으로 직접 써넣는 것입니다. 디지털 펜으로 여백에 써넣기는 읽기를 보다 지적이면서 개인적으로 의미 있는 것으로 만들어 줍니다. 다양한 주석들은 글의 편향성을 지적하고, 간과한 맹점을 찔러 들어가기 때문에 결과적으로 본문을 더 풍요롭게 만듭니다.

디지털 여백 써넣기는 여러 사람이 함께 주석 달기를 할 때 더 빛이 납니다. 구글 독스와 구글 슬라이드를 사용할 때 여러 학생이 주석을 달도록 했습니다. 구글 슬라이드에서 'Ctrl+Alt+M' 단축키를 눌러 댓글을 다는 방법을 보여주고, 댓글을 통해 친구들과 읽은 것에 대해 대화를 나누도록 했습니다. 대화에는 질문, 다른 독자들의 의문에 대한 답변, 정보를 주는 피드백 등이 포함됩니다. 주석 달기는 함께 사용하는 플랫폼의 정교함에 따라 평범한 밑줄 긋기나 강조하기, 여백에 써넣기나 아니면 학급 친구들에게 답변을 구하는 질문들이 될 수도 있습니다.

공유 주석 달기 자료에 접속하는 교사들은 누가 읽기 과제를 수행하는지 뿐만 아니라 학생들의 관찰과 질문, 답변을 함께 알 수 있습니다. 학생들이 이해하는 것과 이해하지 못하는 것을 사전에 파악할 수 있기 때문에 교사들은 다음 수업에서 초점을 어디에 맞춰야 할지 더 잘 알게 됩니다. 서로의 대화가 의미 있는 것이 되도록 주석은 실명으로 남기도록 합니다. 무기명으로 남기도록 하면 '오~굿!', '잘했다'와 같이 잡담 일변도로 대화가 흐르게 됩니다.

❸ 구글과 챗GPT를 맹신해요

- 디지털 정보를 평가하기

소셜벤처 제안서 작성을 위해 자료를 찾는 시간이었습니다. 20년 전의 자료를 이용하는 학생, 구글에서 가장 상위에 있는 웹 문서 한 개를 복사하여 붙여 넣는 학생, 위키백과와 같은 오픈백과의 글을 출처로 밝히는 학생 등 가지각색입니다. 웹에서 발견한 정보를 비판적으로 평가하는 학생은 천연기념물처럼 찾아보기 힘듭니다. 마치 구글이나 네이버, 챗GPT가 우리를 위해 사이트의 신뢰성을 평가하여 검색 결과를 보여 준다고 생각하는 것 같습니다.

검색 및 정보 평가 능력을 장착하지 못한 학생들을 보며 어떠한 교육이 필요한가 궁리를 시작했습니다. 궁리 끝에 온라인 정보의 신뢰성을 평가할 수 있는 다양한 기준, 가짜 정보를 검증하는 방법을 알려 주기로 했습니다. 다양한 기준을 참고하여 자료 활용 여부를 스스로 결정할 수 있어야 가짜 정보, 편견 혐오를 확산시키는 악의적 정보와 멀어질 수 있기 때문입니다.

디지털 정보의 질과 가치를 평가하기

인터넷에는 흠결이 있거나 덜 구조화된 텍스트, 부정확

한 텍스트가 있기 때문에 내용과 출처를 확인하고 질을 판단해야 합니다. '내가 이 정보를 클릭하면 뭘 읽게 되지?'와 같은 질문을 품고, 인터넷 정보의 질과 가치를 평가하는 것이 필수적입니다. '언제 처음 쓰였는가?(Currency)', '탐구에 도움이 되는가?(Relevance)', '저자는 전문가인가?(Authority)', '출처를 정확히 밝히고 있는가?(Accuracy)', '웹사이트의 목적은 무엇인가?(Purpose)'와 같은 기준을 확인합니다. 질문 하나만 가지고 정보의 가치를 판단할 수 없으므로 평가 과정에서 모든 질문을 고려하도록 합니다.

그렇다면 수업에 이 기준들을 어떻게 녹여야 할까요? '예', '아니오'로 정보 출처를 평가하는 체크리스트를 제공하면 충분할까요? 학생들이 찾은 자료를 가지고 정보 적합성을 직접 평가해 보는 과제를 제시해야 합니다. '기준'이라는 단어보다 '내가 찾은 정보가 진짜 괜찮은 것일까?'와 같은 실제적인 질문을 통해 훨씬 더 생생하게 배울 수 있기 때문입니다. 이 과정에서 "왜 이렇게 어렵게 해야 해요?"라고 질문을 꺼내는 학생도 있습니다. 물음표를 떠올리는 학생에게는 "디지털, AI가 주는 정보는 중간 결과물일 뿐이고, 질문의 답을 찾는 과정에서 마땅히 거쳐야 할 다양한 수고와 노력을 통해 스스로 생각하는 능력을 키울 수 있어."라고 말해 줍니다.

사실 무언가를 평가한다는 것은 쉬운 일은 아닙니다. 평가를 잘하기 위해서는 평가 대상의 가치를 판단할 수 있는 충분한 근거가 필요합니다. 이런 근거들을 일일이 챙기는 것은 번거롭고 어렵습니다. 그럼에도 온라인 읽기에서 근거를 찾고 근거의 정당성을 따져 묻는 자세는 필요합니다.

가짜 정보 팩트체크하기

가짜 정보와 신뢰할 수 있는 정보를 구분하는 방법에 대한 교육도 필요합니다. 특히 학생들은 눈앞에 보이는 컴퓨터와 핸드폰 화면의 내용이 모두 사실이라 믿는 경향이 있습니다. 눈에 보이는 것에서 한 번 멈춰서 생각하는 사유까지 나아가야 하는데 그러지 못합니다. 만약 처음 팩트체크를 하는 경우라면, 검증되지 않은 정보가 담긴 블로그 글, 편향된 정보가 있는 기사문, 일상 속에서 접할 수 있는 SNS 글 등을 제시하는 것도 하나의 방법입니다. 팩트체크해야 할 정보가 구체적이어서 학생들이 좀 더 쉽게 활동할 수 있습니다. 인터넷에서 가짜 정보가 담긴 글을 찾기 어렵다면 'EBS 온라인 생존 문해력 테스트(bit.ly/생존문해력테스트)[27]' 문제를 이용해도 좋습니다. 가짜 정보를 본 후 취해야 할 적절한 행동에 대한 문제를 참고하여 간단한 테스트를 진행할 수 있습니다.

수업은 팩트체크할 주제(예: 마스크를 쓰면 미세 플라스틱을 흡입한다)나 글을 제시하고 각 모둠에서 팩트체크할 내용을 선정하는 것으로 시작합니다. 이후 학생들에게 간단한 자료 검증 방법을 안내하여 다양한 자료를 근거로 정보를 판별하게 합니다. '내가 충분히 이해하고 설명할 수 있는 정보원인가요?', '얼마나 믿을 수 있는 정보인가요?', '얼마나 논리적인 정보인가요?', '얼마나 균형 잡힌 정보인가요?'와 같은 질문에 답하며 다양한 측면으로 검토해 보도록 지도합니다.[28] 이때 기계적으로 적용하고 무조건 정보를 수용하기보다는 학생들 스스로 기준을 세워 보도록 하는 것도 좋습니다.

간단한 자료 검증 방법

◇ **직접 물어보기:** 당사자, 전문가, 반대 의견을 가진 사람, 제3의 인물 등

◇ **찾아보기**

- 인터넷에서 검색하기: 2개 이상의 검색 엔진(네이버, 구글 등), 고급 검색 기능 활용
- 보도된 뉴스 찾아보기: 빅카인즈(bigkinds.or.kr)
- 책이나 논문 찾아보기: 도서관 자료 검색 사이트, 구글 학술 검색
- 통계 자료 살펴보기: 국가 통계 포털(kosis.kr)

✓ **출처 표기하기:** 작성자, 글 제목, 작성 기관, 작성 일자, URL

초등학생은 가짜 이미지의 진짜 이름을 온라인 정보 검색을 통해 찾고 검증하는 활동에 좋은 반응을 보입니다.[29]

현실적으로 늘 어학사전과 백과사전을 이용해 검색할 수 없으므로 실제로 사용할 수 있는 간단한 검증 방법을 알려 줍니다. 평소 사용을 금지하던 블로그, 네이버 지식인, 포털 검색 엔진의 이미지, 위키백과 등의 사용을 허용합니다. 단, 검색으로 알게 된 내용을 지식백과와 어학사전에서 다시 검색하여 검증하도록 합니다. 자료의 출처는 반드시 기록하여 신뢰도 높은 자료를 분별하는 눈을 키우도록 합니다. 팩트체크 과정을 통해 글이 어떻게 전파되는지 맥락을 이해하며 입체적 문해력을 키워 나갈 수 있습니다.

가짜 정보를 찾아라!

사진	검색 키워드	참/거짓	조사한 내용	출처
	푸른발새, 파란발새	■참 □거짓	푸른발 얼가니새	내셔널지오그래픽 키즈 매거진
	별포도, 별모양 포도	□참 ■거짓	조작된 사진	팩트체크 코리아

❹ AI에 과의존해요

- 주도권을 쥐고 AI와 함께 읽고 쓰기

의사소통을 위해 적재적소에 창의적이고 비판적으로 인공지능을 활용하는 것은 문해력의 필수 요소입니다. 생산성과 속도감을 중시하는 요즘 학생들은 과제를 수행할 때 챗GPT, 뤼튼wrtn에 접속합니다. 의형제처럼 지내던 검색 엔진과 쿨하게 이별하고, 매일 AI에 의존하여 결과물을 빠르게 만듭니다. 챗GPT의 평균적이고 밋밋한 서술을 비판적으로 읽으며 팩트체크를 해야 하는데, 그 과정은 생략한 채 분량만 채워 과제를 끝냅니다. 그럴듯해 보이지만 배움이 없는 결과물을 제출하는 일을 막기 위해 어떠한 가이드를 제시하면 좋을까요? AI를 사용하면서도 학생들의 사고력을 키울 수 있는 방법은 무엇일까요? 지식의 구성자로서 주도권을 잃지 않고, AI를 활용하여 새로운 읽고 쓰기로 나아갈 수 있도록 지도를 해야 합니다. AI와의 공존을 위해서는 AI를 기능적, 성찰적, 비판적으로 활용할 수 있어야 합니다.

AI를 기능적으로 활용하려면? 프롬프트 작성법부터 익히기

AI의 진정한 잠재력을 끌어내기 위해서는 프롬프트 작성법을 익히는 것이 필수입니다. 명확한 지시, 구체적인 형식, 맥락 정보를 포함해야 더 좋은 결과물을 얻을 수 있기 때문입니다. 생성형 AI를 똑똑하게 활용하기 위해서는 첫째, 프롬프트를 구체적으로 작성해야 합니다. "AIDT 위험에 관한 어린이·청소년 보호 법률안을 써 줘." 대신 "AIDT 위험에 관한 어린이·청소년 보호 법률안을 주요 내용, 조문, 부칙을 포함하여 써 줘."라고 작성하면 훨씬 유용한 결과를 얻을 수 있습니다. 둘째, 화자와 청자를 지정합니다. "택시 기하학과 유클리드 기하학의 차이를 알려 줘." 대신 "수학 분야의 기하 전문가(→화자)로서 택시 기하학과 유클리드 기하학의 차이를 고등학생(→청자)이 이해할 수 있도록 설명해 줘."처럼 작성합니다. 다양한 역할을 부여하면 각 분야의 전문성이 반영된 결과를 얻을 수 있습니다. 셋째, 원하는 결과물의 형식을 지정합니다. '표로 정리해서', '개조식으로', '300자 내외로' 등의 형식을 지정하면 추가 편집 없이 바로 활용할 수 있는 결과물을 얻을 수 있습니다.

AI를 비판적으로 활용하려면? 사실 여부를 검토하기

AI 환각 문제에서 벗어나려면 사실 여부를 검토하는 방법을 알아야 합니다. AI가 틀린 정보나 과장된 내용을 생성할 수 있기 때문에 다른 신뢰할 수 있는 자료와 비교해 사실 여부를 확인하는 수업 속 장치가 필요합니다. '이차곡선

(포물선)'에 대한 설명이라면 생성형 AI, 인터넷 백과사전, 교과서, 책에서 제시하는 정보를 비교하며 신뢰도를 판단하는 것이 좋습니다. 학생들은 AI가 제시한 답의 진위 여부를 평가하며 AI가 가짜 정보를 생성할 수 있다는 사실을 이해하게 됩니다. 또 AI를 제대로 활용하려면 주제 분야의 전문가처럼 시간, 정성, 고민을 더해야 한다는 것을 자연스럽게 깨닫게 됩니다.

[예] 관심 주제: 이차곡선(포물선)

질문	책에서 찾은 답	AI가 제시한 답
생활 속 포물선 활용	- 아르키메데스의 '죽음의 광선' - 태양열 발전소: 포물선 모양의 집광기를 이용해 태양열을 한 곳에 모아 밀도를 높여 에너지를 얻음 - 파라볼라 안테나: 축과 평행하게 들어오는 전파가 한 점에 모여 강한 전파 생성	- 스포츠: 공을 던질 때나 찰 때 공의 궤적은 포물선 모양을 그림 - 건축, 토목공학: 아치형 다리는 포물선 모양을 사용하여 무게 분산 - 위성접시 안테나, 분수대 등
출처	아폴로니우스가 들려주는 이차곡선 1 이야기	챗GPT

AI를 성찰적으로 활용하려면? AI와의 협업 과정을 돌아보기

"AI로 이미지를 만드니 신기해.", "AI로 노래를 만들었어."에서 한 걸음 더 나아가려면 챗봇과의 상호작용 속에서 어떤 일이 벌어졌는지를 복기하고 성찰적으로 기록해야 합니다. 성찰이 담긴 글을 자유롭게 쓰도록 하면 "생성형 AI가 조수처럼 뭐든 뚝딱 다 해주니 편리하다."와 같은 뭉툭한 소감이 나옵니다. 협업 과정에서 챗봇과의 대화가 어떠한 새로운 아이디어를 주었는지, 어떤 면에서 아쉬움을 남겼는지, 팩트체크 과정은 어땠는지, 왜 어떤 아이디어는 취하고 다른 아이디어는 버렸는지 설명하도록 하면 구체적인 성찰이 담긴 글이 나옵니다. "어떤 대화가 오고 갔는지 생각나지 않아요."라고 답하는 학생에게는 챗봇과의 기록을 다시 꼼꼼히 읽어 보도록 합니다. 인공지능의 답변을 꼼꼼히 읽고 협업 과정을 스스로 돌아보면 성찰적 리터러시를 키울 수 있습니다.

AI와의 협업 과정 돌아보기 질문

◇ 협력한 결과물의 내용은 믿을 만한가요?
◇ AI와 협력하면서 무엇을 배우고 느꼈나요?
◇ 질문 해결에 있어 개인정보, 저작권에 대한 침해 사항은 없었나요?
◇ 질문 해결에 있어 채택한 아이디어와 버린 아이디어는 무엇인가요?
◇ AI와의 협력하는 과정은 즐거웠나요? 앞으로도 공부할 때 AI와 협력하고 싶나요?
◇ 생성형 AI를 활용했을 때 추가 정보 획득에 도움이 되었나요? 어떤 질문이 유용했나요?
◇ 독서와 AI의 공통점 및 차이점을 분석했을 때 어떤 정보가 학습에 더 유용했나요? 왜 그렇게 생각하나요?

창작의 책임감과 윤리 의식을 더하려면?

AI로 디지털 윤리 기르기

생성형 AI를 활용한 문해력 수업은 AI를 기능적으로 익히는 실습을 넘어서, 창작에 따르는 책임과 저작권 윤리를 함께 다루는 방향으로 나아가야 합니다. 프롬프트 구성, 결과물 분석, 기여도 판단, 출처 명시 등의 활동은 학생들이 AI를 단순한 '도구'가 아니라 자신과 타인의 창작에 영향을 미치는 매개로 인식하도록 돕습니다.[30] 이는 학생 스스로 표현의 주체가 되도록 안내하는 과정이기도 합니다. 창작의 책임감과 저작권 감수성을 키워 주는 세 가지 방법은 다음과 같습니다.

첫째, 인용하기 전에 생성형 AI가 작성한 글의 출처가 어디인지 확인하고 가능한 이를 기재합니다. 다만 이미지를 포함한 다른 분야의 경우에는 원본 데이터 출처 등을 파악하는 것이 현실적으로 어렵습니다. 생성형 AI를 활용할 때는 가급적 창작 도구의 종류 및 활용 방법에 대해서도 구체적으로 표시를 해주는 것이 바람직합니다.[31]

◇ **텍스트 생성형 AI를 활용한 경우**

예) ChatGPT-5(2025.11.12.). "프롬프트 내용." OpenAI의 ChatGPT-5를 이용하여 작성함. https://chat.openai.com/

◇ **이미지 생성형 AI를 활용한 경우**

예) Bing Image Creator(2025.11.13.). "프롬프트 내용." Bing Image Creator 온라인을 이용하여 생성함. https://www.bing.com/images/create

학생의 창작 기여도를 평가에 반영하고 싶다면, 사용한 생성형 AI 도구와 프롬프트 내용, AI생성 부분과 학생이 직접 쓴 부분을 구분하고 해당 사실을 별도로 표시하도록 합니다. 예를 들어 "이 문장은 AI가, 이 아이디어는 내가 만들었어."라고 문단마다 태그를 달거나 표시합니다.

둘째, 나만의 프롬프트를 만들어 봅니다. 특정 작가나 가수를 프롬프트에 넣어 결과물을 만들면 저작권 침해가 될 수 있습니다. '지브리 스타일' 대신 "넓은 초원에서 서로를 어루만져 주는 모습을 담은 동화책 삽화"처럼 감정, 장면, 시대 배경 등을 키워드로 프롬프트를 작성합니다. 음악도 마찬가지입니다. 'BTS 스타일' 대신 "첫사랑을 경험하며 자유를 찾는 과정을 가사로 담아 20세기 초반 미국에서 유행했던 재즈와 블루스 양식"처럼 저작권이 만료된 음악을 새로운 스타일로 변주하는 방향으로 나아가야 합니다.

참고문헌

1) 다니엘 페나크. 2004. 소설처럼. 문학과지성사. 13
2) 신의경. 2018. 책 선택 전략을 활용한 독서지도 방안 연구. 한국교원대학교. 18
3) 권희린. 2022. 사춘기를 위한 문해력 수업. 생각학교. 65
4) 정혜승. 2012. 읽기 태도 부진 학생의 읽기에 대한 인식 -인터뷰와 '훌륭한 독자' 이미지 분석 방법을 중심으로-. 한국초등국어교육, 50, 219-246
5) 허민영. 2024.04.01. 읽기 자료 선택으로 수업 첫걸음 떼기. 학교도서관저널. https://www.slj.co.kr/bbs/board.php?bo_table=education&wr_id=526
6) 최승필. 2018. 공부머리 독서법. 책구루. 270
7) 김은하. 2014. 독서교육, 어떻게 할까? 학교도서관저널. 87
8) 김은하. 2014. 독서교육, 어떻게 할까? 학교도서관저널. 130
9) 김은하. 2014. 독서교육, 어떻게 할까? 학교도서관저널. 72
10) 박혜선. 2023.11.01. 다양한 물성의 책을 탐험하는 시간. 학교도서관저널. https://slj.co.kr/bbs/board.php?bo_table=special&wr_id=650
11) 김민주 외. 2025. 역사 공부 고민 상담소. 푸른들녘. 125
12) 김윤정. 2021. EBS 당신의 문해력. EBS BOOKS. 211
13) 조가영. 2023. 고전읽기 수업 사례. 신목고등학교
14) 그림책, 음악수업에 퐁당!. 2023.1.24. "시원하게 펑펑 울어볼까?". https://www.youtube.com/watch?v=SwWibDisTyE
15) Ruth Helen Yopp 외. 2015. 읽기 이해 교수방법. 2015. 학지사. 48
16) 정혜승 외. 2024. 문해력 특강. 노르웨이숲. 92
17) 크리스 토바니. 2020. 읽어도 도대체 무슨 소린지. 연암서가. 176
18) 서혁 외. 2025. 문해력 교육 용어 사전 읽기편. 사회평론아카데미. 219
19) 모린 맥러플린 외. 2023. 독해 안내하기. 역락. 230
20) 낸시 프레이 외. 2021. 피드백, 이렇게 한다. 교육을바꾸는사람들. 104
21) Ruth Helen Yopp 외. 2015. 읽기 이해 교수방법. 학지사. 137
22) 캐틀린 터커 외. 2025. UDL로 만들어 가는 학생 주도형 수업. 우리학교. 63
23) 최민지. '물 먹는 하마' 챗GPT…하루만 지구에 양보하세요. 2025.04.22. 경향신문. https://www.khan.co.kr/article/202504220600071

24) Gail E. Tompkins. 2012. 문식성 전략 50. 한국문화사. 157

25) 조병영. 2022. 조병영의 문해력 수업. 아이스크림 원격교육연수원 제19강

26) 권정민. 2022. 최고의 블렌디드 러닝. 사회평론아카데미. 164

27) 조병영. 2022. EBS 〈당신의 문해력+〉 온라인 생존 문해력 테스트. EBS. https://docs.google.com/forms/d/e/1FAIpQLSdrenTQMdruoffTQ-v_MCg1nSAKdO6kfYVRMYK5OVupvl3jjQ/formResponse

28) 권영부 외. 2022. 미디어 리터러시, 교육을 만나다. 부산광역시교육청. 86

29) 정재연. 2023.06.05. 오전에 배워서 오후에 써먹는 도서관 수업. 교육플러스. https://www.edpl.co.kr/news/articleView.html?idxno=9383

30) 이유진. 2025년 6월호. 챗GPT와 저작권, 괜찮은가요?. 학교도서관저널. 123

31) 박정훈 외. 2023. 생성형 AI 저작권 안내서. 한국저작권위원회. 35

처음 만나는 문해력 수업

1판 1쇄 발행 2026년 3월 6일

지은이 전보라
펴낸이 한기호
책임편집 서정원
편집 박예슬, 송원빈, 이선진
본부장 여문주
마케팅 윤병일, 신세빈
경영지원 김윤아
디자인 VUE
인쇄 예림인쇄

펴낸곳 (주)학교도서관저널
출판등록 제2009-000231호(2009년 10월 15일)
주소 | 04029 서울시 마포구 동교로 12안길 14(서교동) 삼성빌딩 A동 3층
전화 | 02-322-9677
팩스 | 02-6918-0818
전자우편 | slj9677@gmail.com
홈페이지 | www.slj.co.kr

ISBN 978-89-6915-202-2 03370

- 책값은 뒤표지에 있습니다.